테슬라 웨이

미래가치 투자자들이 주목하는
테슬라 혁신의 7원칙

TESLA WAY

테슬라 웨이

초판 1쇄 발행 2021년 5월 20일

지은이 미카엘 발랑탱
옮긴이 오웅석

펴낸이 조기흠
편집이사 이홍 / **책임편집** 임지선 / **기획편집** 유소영, 정선영, 박단비 / **글도움** 김현경
마케팅 정재훈, 박태규, 김선영, 홍태형, 배태욱 / **디자인** 박정현 / **제작** 박성우, 김정우

펴낸곳 한빛비즈(주) / **주소** 서울시 서대문구 연희로2길 62 4층
전화 02-325-5506 / **팩스** 02-326-1566
등록 2008년 1월 14일 제25100-2017-000062호

ISBN 979-11-5784-508-8 03320

이 책에 대한 의견이나 오탈자 및 잘못된 내용에 대한 수정 정보는 한빛비즈의 홈페이지나
이메일(hanbitbiz@hanbit.co.kr)로 알려주십시오. 잘못된 책은 구입하신 서점에서 교환해드립니다.
책값은 뒤표지에 표시되어 있습니다.

 hanbitbiz.com facebook.com/hanbitbiz post.naver.com/hanbit_biz
 youtube.com/한빛비즈 instagram.com/hanbitbiz

지금 하지 않으면 할 수 없는 일이 있습니다.
책으로 펴내고 싶은 아이디어나 원고를 메일(hanbitbiz@hanbit.co.kr)로 보내주세요.
한빛비즈는 여러분의 소중한 경험과 지식을 기다리고 있습니다.

테슬라 웨이

미래가치 투자자들이 주목하는
테슬라 혁신의 7원칙

TESLA WAY

미카엘 발랑탱 지음 | **오웅석** 옮김

차례

 ## 왜 테슬라주의인가

제4차 산업시대가 도래하면서 제1차 산업시대의 테일러주의, 제2차 산업시대의 포드주의, 제3차 산업시대의 도요타주의를 이을 새로운 조직운영 모델이 필요해졌다. 1장에서는 제4차 산업시대가 처한 네 가지 도전과제를 알아보고, 이 새로운 시대를 주도할 혁신적인 조직운영 모델로서 테슬라를 주목해야 하는 이유를 밝힌다.

기술의 기하급수적 진보와 산업혁명 | 세계화와 금융시장 자유화의 패러다임 | 새로운 표준과 도요타 방식의 한계 | 새로운 산업시대의 네 가지 도전 과제 | 도요타주의를 계승하는 테슬라주의 | JPB시스템즈 사례: 제조업과 디지털의 융합 | 소디스트라 사례: 사람을 중시하는 혁신 과정

 ## 테슬라주의의 7원칙

초생산성은 낭비를 최소화하는 도요타주의의 '린 생산방식'에 디지털을 결합해 업그레이드한 것이다. 그 전제가 되는 초사고 원칙은 무엇이며, 검소함, 민첩성, 협업성이라는 추가적인 원칙이 어떤 가치를 만들어내는지 들여다본다.

도요타주의의 목표와 원칙 ┃ 테슬라의 혁신 비전, 초사고 원칙 ┃ 자원의 검소한 소비와 낭비의 제거 ┃ 시장 변화에 민첩하게 대응하기 ┃ 협업 가치 창출을 방해하는 여덟 가지 요인 ┃ 테슬라의 교훈: 공장의 최적화와 대량화 ┃ 킴벌리클라크 사례: 부서 이기주의를 타파하다 ┃ 리더를 위한 10가지 질문

제2원칙: 교차 통합 가치사슬과 생태계의 통합   75

교차 통합은 기업과 시장의 모든 참여자와 구성요소를 최대한 연결하고 통합하는 것이다. 테슬라가 강력한 내부 통제력으로 교차 통합을 이뤄 시장 대응성과 부가가치 창출을 극대화하고, 공유경제와 녹색경제를 모두 달성해낸 비결을 밝힌다.

공유경제와 녹색경제의 두 마리 토끼를 잡다 ┃ 거대 기업의 노후화된 성장 전략 ┃ 교차 통합의 4단계 전략 ┃ 테슬라의 교훈: 가치사슬 전체를 아우르는 내부 통제력 ┃ 소우유소콤 사례: 선도적인 디지털 솔루션 ┃ 리더를 위한 10가지 질문

제3원칙: 소프트웨어 융합 비트와 원자의 파괴적 결합   95

소프트웨어 융합은 제조업에서 모든 단계에 소프트웨어를 도입하는 'IT 진화'를 말한다. 테슬라는 이를 통해 자동차가 모빌리티 기능을 가진 컴퓨터로 설계될 수 있음을 보여준다. 제조업의 소프트웨어 융합은 어떻게 이루어져야 하는지 알아본다.

제3차 산업시대의 자동화와 로봇화 ┃ 무한한 연결성을 실현하는 소프트웨어 융합 ┃ 설계 및 생산의 소프트웨어 융합 ┃ 운영체제에서의 소프트웨어 융합 ┃ 디지털화가 가치사슬 전체에 미친 영향 ┃ 테슬라의 교훈: 모빌리티 기능을 갖춘 컴퓨터 ┃ 소코멕 사례: 고객에 초점을 맞춘 소프트웨어 융합 ┃ 리더를 위한 10가지 질문

제4원칙: 플랫폼 트랙션 디지털 플랫폼을 통한 시장 통합   113

'플랫폼 트랙션'은 디지털 플랫폼을 통해 새로운 이익 창출 구조를 만들어내는 혁신 모델이다. 테슬라가 자사의 제품 기반 네트워크를 만들어 확장함으로써 시장을 통합하고 확대해나간 방식을 들여다본다.

가치사슬의 해체와 네트워크 효과 ┃ 린 생산방식에서 펄스 생산방식으로 ┃ 새로운 성장 모델로서의 플랫폼 ┃ 산업계 디지털 플랫폼이 가진 양면성 ┃ 제조업계 플랫

폼의 상호운용성 | 플랫폼 트랙션의 전제 조건과 인센티브 | 테슬라의 교훈: 플랫폼을 통한 전방위적 영역 확대 | GE디지털 사례: 개방형 플랫폼 전략 | 룩소르 조명 사례: 더 큰 성장을 이루게 하는 촉매제 | 리더를 위한 10가지 질문

제5원칙: 스토리 메이킹 세계에 영감을 주는 비전   139

테슬라는 인류가 우주에서도 살아남을 수 있도록 에너지 전환을 추진하는 일론 머스크의 비전으로 운영된다. 이처럼 기업이 시장의 예상을 뛰어넘는 비전을 전파하고 실행했을 때 어떤 파괴력을 갖는지 알아본다.

생태계를 통합하는 커뮤니케이션 전략 | 어떤 스토리를 어떻게 메이킹할 것인가 | 단기적 수익성에서 장기적 비전으로 | 밖에서는 개방성, 안에서는 폐쇄성 | 기술자 출신 경영자의 귀환 | 테슬라의 교훈: 시장의 예상을 뛰어넘는 비전 | 알피테크놀로지 사례: CEO의 비전과 추진력 | 리더를 위한 10가지 질문

제6원칙: 스타트업 리더십 경영 시스템의 수평화   157

미래의 리더는 실천가이자 도전자, 코치이자 액셀러레이터로서 더 많은 역할을 맡아야 한다. 새로운 형태의 리더십이 조직 전체에 걸쳐 작동하게 하려면 어떠한 형태의 조직 운영체제가 동반되어야 하는지 알아본다.

새로운 리더십을 위한 스타트업 정신 | 톱다운 운영체제에서 보텀업 운영체제로 | 스타트업 리더십의 네 가지 혁신 과제 | 스타트업 리더십이 요구하는 리더의 역할 | 테슬라의 교훈: 최고를 추구하는 열정과 완고함 | 티센크루프 사례: 리더는 질문을 받는 사람이다 | 리더를 위한 10가지 질문

제7원칙: 자기 학습 학습을 통한 인간과 기계의 결합   179

제4차 산업혁명으로 인공지능이 고도화되면서 학습을 통한 인간과 기계의 결합이 갈수록 더 중요해지고 있다. 여기서는 시스템을 최적화하고 시장 변화에 대응하기 위한 테슬라의 자기학습 방식을 배운다.

인적 개발에 대한 새로운 접근방식 | 역량 개발과 학습 시스템의 변화 | 시장 변화에 대응하는 인적자원관리 | 인간과 기계의 상호 보완을 통한 시스템 최적화 |

창조적 혁신을 위한 애자일 방법론 | 테슬라의 교훈: 혁신 속도를 가속화하는 자기 학습 | 보쉬 사례: 학습에 초점을 맞춘 혁신 프로젝트 | 슈미트그룹 사례: 함께 일하는 즐거움 | 리더를 위한 10가지 질문

테슬라주의는 테슬라를 넘어서서 이미 많은 기업과 관련되어 있다. 2장에서 살펴본 테슬라주의의 7원칙을 각 기업에서 적용하는 방법에 대해 알아본다. 제4차 산업시대의 선도적 기업들이 추구해야 할 전략적 변화와 시스템 통합, 비전과 리더십에 대해 정리한다.

테슬라주의와 세 개의 동심원 | 초생산성: 여덟 가지 낭비의 측정 및 제거 | 교차 통합: 다섯 가지 경쟁우위 모델 | 소프트웨어 융합: 데이터 흐름과 신기술의 결합 | 플랫폼 트랙션: 기하급수적 성장 기회의 선점 | 스토리 메이킹: 조직의 DNA와 리더십 분석 | 스타트업 리더십: 관리 시스템과 경영 태도 | 자기 학습: 기술 중심의 평가 | 디지털화를 통한 전략적 변화 | 테슬라주의를 위한 운영체제의 혁신 | 지속적인 자기 학습이 가능한 환경 | 미쉐린 사례: 제품과 자산에 대한 새로운 정의 | 엠앤엠즈 사례: 더 강력한 생산 시스템

디지털 전환이 가져올
새로운 기회

내가 제조업의 길로 들어서게 된 것은 친구로부터 걸려온 한 통의 전화에서 시작되었다. 그는 제조업 분야에 매료되어 언젠가는 공장을 직접 운영하겠다는 포부를 지닌 친구였다. 나는 그를 따라 북아일랜드의 미쉐린 Michelin 공장에서 일하게 되었다. 내 키의 두 배가 넘는 불가마에서 매일 1,000개가 넘는 타이어가 쏟아져 나오는 모습은 이제 막 대학교를 졸업한 내게 매우 깊은 인상을 남겼다. 타이어가 만들어지는 과정을 보고 나니 자동차는 어떻게 생산되는지 궁금해졌다. 여러 모양의 철판이 롤러를 통과한 지 몇 시간 만에, 인간이 창조한 가장 복잡한 시스템 중 하나인 자동차로 탈바꿈하여 하루에 14만 대씩 생산되는 광경은 놀라움 자체였다.

시간이 지나 나는 기술관리팀을 맡게 되었다. 우리는 생산설비가 멈추지 않도록 모든 노력을 기울였고, 팀워크에 따르는 문제를 해결했다. 제조업 역시 결국은 사람이 하는 일이었다. 나는 사람들의 말을 경청하고, 때로는 어려운 결정을 내려야 했다. 어떤 사안이든 합의에 도달하는 과정은 매번 쉽지 않았다. 제조업은 생각보다 복잡한 산업이었다. 각 자재와 부품을 조달하는 공급사슬도, 수만 개의 부품으로 이루어지는 생산 공정도 복잡하기 이를 데 없었다. 물론 기술자, 엔지니어, 연구자가 함께 일하는 생산기지의 최전방에는 그 복잡함을 뛰어넘는 어떤 희열이 존재했다. 서로 다른 사회적 배경을 가진 사람들이 모여 함께 일하고 시스템을 개선하는 광경은 놀랍기만 했다.

그런데 시간이 더 흘러 2008년이 되자 많은 것이 변했다. 옛 친구들은 모두 금융, 무역, 인터넷 등의 분야에서 일했고, 제조업을 중요하게 생각하는 사람은 별로 없었다. 뉴스에는 매일 문 닫는 공장 이야기가 나왔고, 선거철이 되면 정치인들은 제조업 회생 계획을 공약으로 내세웠다. 사람들은 제조업이 곧 자취를 감출 것이라고 생각했다. 실제로 최근 세계은행 자료에 따르면, 전 세계 산업의 총부가가치에서 제조업이 차지하는 비중은 16퍼센트에 불과하다. 10여 년 전만 해도 전 세계 수출과 연구개발에서 차지하는 비중이 각각 70퍼센트, 77퍼센트에 이르렀던 걸 감안하면, 제조업은 너무나 빠른 속도로 쇠퇴의 길을 걸었다.

디지털화가 몰고 온 변화의 물결

디지털 기술의 발전은 제조업 쇠퇴를 가속화했다. 어디를 가나 빅데이터나 기계학습, 인공지능에 관한 이야기가 넘쳐났다. 제조업에 디지털이 융합되면서 서비스와 제품의 생산, 공급, 소비에도 새로운 패러다임이 나타났다. 언제 어디서든 인터넷에만 접속하면 수많은 정보를 빠르게 처리할 수 있는 스마트 전자기기가 대중화되면서, 오늘날의 소비자들은 사이버 세계에서 '초연결된' 사용자user로 진화했다.

디지털 세상에서는 즉시성, 사용자 친화성, 고객 맞춤, 협업, 공유, 책임이라는 가치가 중요해졌다. 이러한 변화는 제조업을 포함한 산업계 전체를 뒤흔들어놓았다. 디지털 기술의 발전 속도가 더욱 빨라지면서 모든 산업 부문에 요구되는 역량 수준 역시 한층 높아졌다. 이러한 추세에 따른 새로운 비즈니스 모델을 추구하는 기업들이 나타났고, 그들은 '파괴적 혁신disruptive innovation'을 통해 기존 시장에서 우위를 점하거나 아예 새로운 시장을 창출하기도 했다. 불과 15년 전만 해도 세상에 존재하지 않았던 기업들이 이제는 엄청난 시장가치를 갖게 되었다.

제조업이 기존의 경쟁력을 잃으면서 경제와 정치에 끼친 영향력은 상상을 초월한다. 전통적인 제조업 강국이었던 선진국의 여러 지방 도시가 경제적 낙후 지역으로 전락했다. 공장이 문을 닫으면서 실업률이 치솟았고, 많은 기업들이 새로운 성장 동력을 찾지 못한 채 장기 침체의 늪에 빠졌다. 극심한 양극화와 불평등으로 생존 위기에 몰린 사람들은 세계화와 민주주의에 반기를 들었고, 이에 따라 미국이나 이탈리아와 같은 선진국에서도 극우 성향의 정치 지도자들이 득세하기 시작했다. 세금 인상에 반발하며 프랑스에서 일어난 '노란 조끼yellow vest' 시위 역시 그 이면을 들여다보면 제조업 쇠퇴가 불러온 구조적 문제가 주요 원인으로 작용했다는 것을 알 수 있다.

주요 국가들의 제조업 부활 프로젝트

이러한 새로운 도전을 인식한 주요 국가들은 전략 분야에 대한 투자와 혁신, 교육을 통해 제조업 부활 프로젝트를 시작했다. 유럽의 대표적인 제조업 강국인 독일은 2011년 하노버산업박람회Hannover Messe에서 '인더스트리 4.0 전략Industrie 4.0 plan'을 처음 발표했다. 이 전략의 목표는 사물인터넷, 빅데이터, 클라우드 컴퓨팅 등의 정보통신기술을 기반으로 제조업의 디지털화를 지속적으로 추진하고, 디지털 생산설비를 개발하고 시스템을 혁신해 경쟁력을 제고하며, 이용자 중심의 스마트 서비스를 확대하는 것이다. 이 전략에서 눈여겨볼 키워드는 '횡단성transversality'이다. 이는 하나의 공급망으로 묶인 여러 중소 공장들의 생산 시스템을 상호 연계해 발전시키겠다는 계획이다. 이 프로젝트에는 독일의 대표적인 제조기업들을 비롯해 학계와 정부까지 폭넓게 참여하고 있다.

그 뒤를 이어 미국이 2013년 산업계, 학계, 정부가 참여하는 '산학관' 협력 네트워크 구축을 목표로 하는 '국가제조업혁신네트워크NNMI'를 창설했다. 일본은 2017년 '커넥티드 인더스트리즈Connected Industries' 계획을 발표했다. 이 계획의 요지는 국가 생산성을 제고하기 위해 광범위한 데이터 사용을 장려하고, 이를 통해 기계와 기술, 사람을 연결함으로써 새로운 부가가치를 창출하는 것이다.

오랫동안 세계의 공장으로 여겨졌던 중국에서는 첨단산업 국가로서의 이미지 개선을 위해 '중국제조 2025Made in China 2025'라는 10개년 계획을 발표했다. 한국은 2014년 7월 '제조업 혁신 3.0 전략'을 출범시켰다. 여기에는 스마트 팩토리를 더 많이 짓겠다는 계획과 더불어, 새로운 첨단산업 기술 도입을 위한 투자 계획이 포함되어 있다.

제4차 산업시대의 새로운 혁신 모델은?

2016년 세계경제포럼WEF에서 제4차 산업혁명의 도래를 선언한 지 여러 해가 지났다. 전 세계는 점차 제4차 산업시대로 이동하고 있다. 그렇다면 제4차 산업시대는 어떤 모습일까? 제2차 산업시대는 대량생산방식과 너불어 '생산성'의 혁명을 가져온 포드주의fordism로 대변되고, 제3차 산업시대는 세분화된 고객 수요에 민감하게 반응하는 '대응성'을 획기적으로 높여준 도요타주의toyotism를 모델로 하여 전개되었다. 이제 우리 눈앞에 도래한 제4차 산업시대의 새로운 혁신과 비즈니스 모델은 어떤 것이 될까?

순수 IT 산업 분야에서는 '가파GAFA'라 불리는 구글Google, 애플Apple, 페이스북Facebook, 아마존Amazon이 선두를 달리고 있다. 제조업 분야에도 '파괴적 혁신'을 통해 새로운 산업시대의 비즈니스 모델을 보여주는 기업이 등장했다. 바로 일론 머스크Elon Musk가 이끄는 테슬라Tesla다. 테슬라가 디지털 융합을 혁신의 기회로 삼아서 제조업의 새로운 동력을 창조해나가는 조직 운영방식은 '테슬라주의teslism'라 이름 붙여도 좋을 만큼 독보적이다. 한편으로 테슬라주의는 제4차 산업시대의 도전에 맞서는 수많은 제조기업들에 필요한 혁신 모델이 어떤 것인지 잘 보여주고 있다. 어쩌면 테슬라 방식은 디지털 전환, 스마트 팩토리 등의 제조업 생산 혁신에 참여하고자 하는 기업들이 붙잡을 수 있는 마지막 기회가 될지도 모른다.

다국적 컨설팅 기업인 프라이스워터하우스쿠퍼스(이하 PwC)의 조사 결과에 따르면, 프랑스 제조업 분야에서 일하는 전체 임원진 가운데 80퍼센트는 제4차 산업혁명에 어떻게 대처해야 할지 여전히 감을 잡지 못하는 것으로 나타났다. 이들에게는 역량과 전문성 그리고 비전이 필요하다. 기술 개발이 필요한 영역도 아직 많이 남아 있다. 디지털 융합은 환상적인 기회가 될 수 있다. 기술은 발전하고 있으며 우리는 그것을 최대한 활용해야 한다. 대부분의 선진국은 제조 분야의 역량을 한 단계 더 높이 끌어올려 새로운 산업 플랫폼을 구축하는 데에 필요한 모든 것을 갖추고 있다.

테슬라주의는 제조업을 비롯해 전통적인 공업 분야가 기존의 틀을 벗어던지고 새로운 산업시대의 질서와 요구를 받아들이는 데에 길잡이 역할을 할 수 있을 것이다. 그뿐 아니라 경제, 사회, 정치 영역에서 불거졌던 여러 문제를 해결하는 데에도 실마리를 제공할 것이다. 지구 환경을 살리고, 소외되었던 지역 경제를 다시 일으키고, 국민과 지도층 간의 신뢰를 회복하는 문제 말이다.

새로운 세상의 유전자, 테슬라

제4차 산업혁명의 디지털 물결 속에서 탄생해 고도화된 산업자본주의 구조에서 성장한 테슬라는 이미 새로운 세상을 탄생시킬 유전자를 갖고 있다. 이 회사의 시가총액은 이미 포드Ford, 르노Renault, 제너럴모터스GM 를 앞질렀으며, 제조업 분야에서 매우 상징적이라 할 수 있는 자동차 업계를 선도하고 있다.

물론 도요타생산시스템이 그랬던 것처럼 일론 머스크가 고안한 시스템 역시 완벽하다고 할 수는 없다. 그렇다고 테슬라주의를 테슬라에만 국한하는 것으로 생각한다면 그것은 매우 편협한 시각이다. 실제로 일론 머스크는 "테슬라가 그 자체로는 그렇게 중요한 기업이 아니더라도, 세계 모든 자동차 회사들이 전기 자동차에 대규모 투자를 하도록 유인할 만큼 충분히 강력한 사회적 역할을 하고 있다"고 언급한 바 있다.

마찬가지로 이 책의 목적은 테슬라 자체를 홍보하거나 테슬라주의를 퍼뜨리기 위한 것이 아니다. 그보다는 테슬라가 주도한 혁신의 원칙들을 살펴봄으로써 독자들이 각자 자신의 조직과 상황에 맞는 미래 전략을 도출하도록 통찰의 기회를 제공하는 것이다. 이 책에서 제시하는 테슬라주의의 일곱 가지 원칙은 제4차 산업시대의 도전에 대응하는, 가장 성공적이면서 가장 많이 검증된 방법이다.

컨설턴트로 일하면서 나는 여러 기업을 방문하고 많은 임원을 만나 조언했다. 그 과정에서 그들은 기업을 성장시키고 핵심 사업을 혁신할 아이디어를 생각해내곤 했다. 문제는 그 아이디어를 실행할 방법론이 늘 부족했다는 점이다. 이 책에는 그들이 참조할 만한 구체적인 방법론이 담긴 사례들이 많이 실려 있다. 이미 앞서 테슬라주의를 실천하고 있는 기업들의 이야기가 조직의 미래를 고민하는 이들에게 도움이 될 것이다.

1장

왜
테슬라주의인가

Summary

◆ 제3차 산업시대는 글로벌 공급망 확대, 생산 기지의 해외 이전, 몸집 불리기를 통한 규모의 경제 실현을 특징으로 하는데, 이는 또한 '세계화'와 '금융시장 자유화'라는 두 가지 틀로 설명할 수 있다.

◆ 디지털 기술의 급속한 발전으로 제4차 산업혁명의 흐름이 나타나고, 이에 따라 새로운 산업시대는 모든 인간, 기업, 제품의 초연결, 기술의 기하급수적인 진보, 사회적 불균형을 낳는 승자독식의 초집중, 소비가 아닌 이용에 초점을 맞추는 공유경제라는 네 가지 도전 과제에 직면했다.

◆ 이러한 도전 과제를 해결하기 위해서는 새로운 산업시대에 부합하는 조직 운영 모델이 필요하다. 이 모델은 민첩하고 연결성이 뛰어나며 파괴적 혁신이 가능하고 미래 인재에게 매력적이어야 한다. 테슬라주의는 제4차 산업혁명이 요구하는 새로운 조직 패러다임의 모델을 제시한다.

기술의 기하급수적 진보와 산업혁명

인류는 직립보행을 하고 두 팔을 사용하게 되면서 본격적인 진화를 시작했다. 20만 년 전 호모 사피엔스가 도구를 사용하기 시작했고, 1만 년 전의 인류는 목축과 농경을 시작했으며, 약 1,000년 전에는 정보 전달 방식을 송두리째 바꿔놓은 인쇄술을 발명했다. 그리고 1769년 제임스 와트James Watt가 열에너지를 이용하는 '증기기관'을 발명하면서 제1차 산업혁명이 촉발되었다. 이를 계기로 사람들은 기술 진보의 가속도를 비로소 실감할 수 있었다. 이때부터 과학 분야에서 획기적인 성과들이 이어졌고, 이후 세대들은 기술 진보의 결과로 끊임없이 변화하는 세계를 살게 되었다.

이후 이어지는 세 차례의 산업혁명을 설명하는 데 있어 '파괴적'이라는 단어만큼 적당한 표현은 없을 것이다. 그것은 산업혁명이 단순히 기술 발전으로 인한 혁신을 뛰어넘어 완전히 다른 경제적·사회적 요구에 체계적으로 대응한 결과이기 때문이다. 제1차 산업혁명은 건물을 짓고 사람과 물자의 이동을 확대하는 등 사회기반시설 구축이 한창이던 18세기 후반에 시작되었다. 증기기관으로 작업의 기계화가 가능해짐에 따라 새로운 작업방식이 나타났다. 인간은 기계 다루는 방법을 배우면서 동시에 그에 따른 여러 사회적 변화를 경험했다.

그로부터 약 100년 뒤에는 전기의 발명과 함께 제2차 산업혁명이 시작되었다. 전기의 발명은 증기기관 못지않게 커다란 경제적 파급효과를 일으켰다. 공장 시설 전체가 거대한 증기기관 한 대에 의존하던 방식에서 벗어나 각각의 작업대에서 소형의 자동화 전기장치를 활용함으로써 기존과는 다른 방식으로 공장을 운영할 수 있었다. 컨베이어벨트와 조립라인 생산방식이 생겨났고, 그 결과 대량생산이 가능해지면서 20세기 초부터 폭발적으로 늘어난 수요를 충족시킬 수 있었다. 찰리 채플린Charles Chaplin의 유명한 영화 〈모던 타임스Modern Times〉에서 묘사된 것처럼, 컨베이어벨트 시스템은 사회적으로도 엄청난 충격과 변화를 가져왔다. 프레드릭 테일러Frederick Taylor는 인간의 작업 과정을 초 시간 단위로 측정해 단순 반복 작업을 표준화했고, 이러한 테일러주의taylorism는 포드자동차 공장에서 컨베이어벨트와 결합하여 포드주의fordism로 발전했다.

다시 60년 후에는 또 다른 성격의 혁명이 나타났다. 세계화가 다시 확대되었고, 컴퓨터가 등장해 반복 작업에 필요한 계산 능력에서 인간의 두뇌 용량을 빠르게 뛰어넘으며 자동화 혁신을 이끌었다. 인텔Intel의 창립자이며 마이크로프로세서를 발명한 고든 무어Gordon Moore는 '마이크로칩의 성능이 18개월마다 두 배로 증가한다'는 경험적 예측을 내놓았는데, 이 '무어의 법칙'을 기반으로 한 새로운 산업혁명은 인류에게 처음으로 기술의 진보가 기하급수적인 속도로 이루어질 수 있음을 깨닫게 해주었다.

그림 1.1을 보면, 기술의 진보와 그에 따른 인류의 진화가 지수법칙

그림 1.1　인류와 기술의 기하급수적인 진보

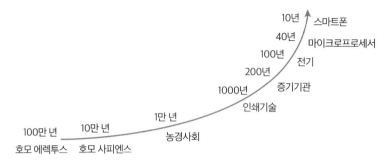

exponential law을 거의 의 정확하게 따르고 있음을 알 수 있다. 100만 년 전 호모 에렉투스, 10만 년 전 호모 사피엔스, 1만 년 전 농경사회, 1600년 전 인쇄기술, 300년 전 증기기관, 100년 전 전기, 40년 전 마이크로프로세서 그리고 오늘날 스마트폰에 이르기까지!

예전에는 몇 세대에 걸쳐 이루어졌던 변화가 현대 사회에서는 한 세대가 지나기도 전에 새로운 변곡점을 맞이하기도 한다. 이는 그림 1.1에서 평평했던 선이 완만하게 곡선을 그리다가 최근에는 거의 수직을 그리며 가팔라진 모양에서도 확인할 수 있다.

지금 우리는 지수법칙에 따라 기술 진보가 가속화하는 세상에 살고 있으며, 역사상 네 번째 산업혁명을 맞이하고 있다. 그런데 사실 기하급수적 사고는 인간에게 전혀 자연스럽지 않다. 우리의 일상을 지배하는 대부분의 자연법칙은 선형적이며, 인간의 뇌는 수천 년 동안 선형적 사고방식에 익숙해졌기 때문이다. 너무나 빠르게 전개되는 변화의 가속도에 적응하는 것은 개인에게도 쉽지 않거니와 그러한 개인들이 모여 있는 기업에서는 더욱 그러할 것이다.

그러면 제4차 산업혁명에 대해 본격적으로 논의하기 전에, 전례 없는 강점과 장점에도 불구하고 분명한 한계도 가지고 있는 제3차 산업시대의 특징들을 먼저 살펴보도록 하자.

세계화와 금융시장 자유화의 패러다임

제2차 세계대전 이후 재건된 서구 사회는 농업경제에서 산업경제로, 이후에는 서비스경제로 점차 발전했다. 석유 자원이 풍부해지고 무역장벽이 느슨해지면서 1960년대까지 세계 무역이 활성화되었다. 특히 1989년 베를린 장벽이 무너진 뒤로 사람과 상품의 이동이 더욱 자유로워지고 확대되었다. 항공교통이 이런 추세를 잘 보여준다. 국제민간항공기구 ICAO에 따르면, 항공교통을 이용한 승객은 1950년 1,000만 명에서 1970년 5억 명, 2010년 30억 명으로 빠르게 증가했다. 덕분에 이동에 따른 비용이 절감되었고, 제품을 실제로 소비될 지역으로부터 멀리 떨어진 곳에서 생산하는 것이 더욱 용이해졌다.

1980년대 이후 전 세계 산업 국가에서 '탈지역화delocalization' 흐름이 뚜렷해지면서 중국을 비롯한 신흥 아시아 국가들이 중요한 '생산기지'로 부상했다. 고도로 복잡한 글로벌 공급사슬을 연결하고 효율적으로 관리할 수 있는 산업용 IT 시스템이 도입되면서, 단순한 부품 조달에서 최종 제품 생산까지 모든 과정을 아우르는 '엔드투엔드end-to-end' 방식의 글로벌 분산 생산이 가능해졌다. 대부분의 생산 과정이 해외 공장에서 이루어지고 최종 조립만 국내에서 하는 첨단제품까지 포함해서, 오늘날 전 세계 부가가치의 50퍼센트 이상은 제품이 소비되는 시장이 아닌, 생산을 이전한 다른 지역에서 발생하고 있다. 완성 제품이 아닌 단일 부품과 제품 모듈의 이동이 늘어나면서 공급사슬은 원자처럼 잘게 쪼개졌다. 이에 따라 전 세계 교역량은 폭발적으로 증가했다.

자본의 자유로운 이동을 의미하는 금융 자유화가 심화하면서 금융시장과 실물경제가 연동되지 않고 단절되는 현상이 나타나기 시작했다. 그 결과 많은 선진국에서 전통 제조업이라는 영역이 줄어들거나 사라졌다. 섬유 산업의 경우 대부분의 생산기지를 해외로 옮겼고, 장난감이나 가전제품과 같은 기본 소비재도 같은 길을 따랐다. 통신장비 업체인 알카텔Alcatel을 경영했던 세르주 튀릭Serge Tchuruk이 제시한 공장 없는 팹리스 Fabless[1] 접근법은 기존의 제조업에 속하는 수익성 낮은 제품을 굳이 국내에서 생산할 필요가 있는지에 대해 의문을 품게 했으며, 이런 생각은 유럽 전체로 퍼져나갔다. 많은 기업들이 개발도상국의 낮은 인건비에 의존하면서, 기업의 가치에서 제조 부문의 가치가 차지하는 비중은 점점 더 줄어들었다.

기업들의 몸집 불리기를 통한 성장 경쟁과 공급사슬 분산화를 중심으

---

[1] 팹리스는 '제조'를 의미하는 fabrication의 'fab'과 '없음'을 의미하는 'less'가 합쳐진 단어로, 제품을 생산하지 않고 설계만 하는 회사를 가리킨다.

로 하는 전략 모델은 규모의 경제와 가치 창출을 모두 가능하게 했다. 사업 규모를 확대하고 자산을 통합함으로써 규모의 경제를 실현하기 위해 기업들은 유기적 결합 혹은 인수합병을 선택하기도 했다. 각자의 핵심 비즈니스에서 탁월한 성과를 달성하고 이윤을 창출하기 위해 서로 다른 공급사슬에 속해 있던 기업들도 더욱 연결되고 상호 의존하게 되었다.

제3차 산업시대에 고객과 주주, 노동자들의 늘어나는 요구사항은 기업이 해결해야 할 과제가 되었다. 먼저 고객들은 세분화한 수요에 따라 '맞춤화'와 '적시성'을 요구했다. 기업은 이에 대응하기 위해 생산 공정과 물류 시스템을 혁신해야 했다. 연금을 지급하는 원천이 되는 기금이자 거대한 투자기관이기도 한 '연기금'이 등장함에 따라 기업의 주주 지배구조governance에도 변화가 생겼다. 주주들이 위험을 피하려는 경향이 강해지면서 기업들은 단기 수익률을 높여야 할 의무가 커졌고, 운영자금을 절감하도록 압박받았다. 마지막으로 노동자들은 제3차 산업시대에 이르러 점차 자신들의 목소리를 내기 시작했고, 전문성을 개발할 기회를 기업에 요구했다.

고객, 주주, 노동자 그룹에 나타난 위 세 가지 현상 덕분에 대부분의 제조기업은 자신의 사업 모델에 대해 의구심을 갖게 되었다. 초기 자동화와 로봇화는 고단하고 반복적인 작업의 수를 줄이는 동시에 부분적으로 단기 수익률을 충족시키는 데 도움이 되었다. 또 전사적자원관리ERP 시스템을 통해 외부적으로는 시장에서, 내부적으로는 글로벌 제조 공정에서 수집된 데이터를 공유할 수 있게 되면서 공급사슬이 더욱 탄탄해졌다.

세계화와 정보화 덕분에 공급사슬이 확대되고 견고해졌지만, 갈수록 더 복잡해지는 공급사슬을 효율적으로 관리하기 위해서는 그에 부합하는 '조직 운영 모델'이 필요했다. 특히 고객과 주주, 노동자들의 변화된 요구를 충족시키면서도 막대한 운영자금이 들어가지 않도록 하는 조직 운영 모델이 필요했다. 이로 인해 이전 시대를 이끌었던 테일러주의와는 다른 운영 원리를 가진 시스템이 출현했다. 처음에는 도요타주의로 알려졌고 나중에는 '린 생산방식lean manufacturing'2으로도 불리게 된 이 새로운 시스템은, 기업 운영의 초점을 고객 만족도를 높이는 데에 맞추고, 부가가치를 발생시키지 않는 일은 낭비로 간주해 철저하게 제거함으로써 앞에서 언급한 제3차 산업시대의 세 가지 과제를 해결했다.

도요타주의는 세 가지 기본 원칙과 시스템을 바탕으로 운영되었다. 첫째는 재고를 줄여서 운영비 절감을 실현하는 '린 공정' 시스템이다. 둘째는 가능한 한 적은 비용으로 우수한 품질을 유지하기 위한 '지도카jidoka'3 품질관리 시스템이다. 셋째는 '참여형 경영' 시스템이다. 이를 통해 기업은 경영자와 기술자뿐 아니라 작업자를 포함해 모든 지적intellectual 자원을 충분히 활용할 수 있게 되었다.

도요타 생산방식은 40년간 모든 경제 영역을 관통하며 비용, 생산 시간, 제품 품질이라는 세 가지 측면에서 상당한 발전과 혁신을 이끌었다. 도요타주의는 고객과 주주, 노동자의 요구라는 제3차 산업시대와 관련한

---

2 린은 영어 'lean'에서 온 것으로 '낭비가 없다'는 의미이다. 즉 린 생산방식은 인력, 생산설비 등을 필요한 만큼만 유지함으로써 낭비를 없애고 효율을 극대화하는 생산 시스템을 가리킨다.
3 일본어인 지도카(じどうか)를 영어로 번역하면 'autonomation'이다. 단순한 기계적 자동화를 의미하는 'automation'과 다른 점은 인간이 개입한다는 것이다. 즉 생산 공정에서 문제가 발생했을 때 작업자가 직접 기계를 멈출 수 있도록 함으로써 대량으로 불량이 발생하는 것을 효과적으로 차단하고 높은 품질 수준을 유지하는 시스템이다.

과제를 풀어가며 오늘날까지도 많은 분야에서 그 효력을 증명하고 있다. 그렇다면 지금 이러한 도요타주의가 도전받고 있는 이유는 무엇일까?

새로운 표준과 도요타 방식의 한계

서로 다른 두 세계 사이의 전환이 대부분 그렇듯이, 어떤 혁신이든 전등 스위치를 켜듯 하루아침에 갑자기 일어나지는 않는다. 시간을 두고 서서히 두 세계의 표준이 중첩되다가 어느 순간에 하나의 세계가 다른 하나의 세계를 잠식하면서 혁신이 일어난다.

마찬가지로 오늘날 제3차 산업시대의 표준들이 여전히 적용되고 있지만, 다른 한쪽에서는 새로운 표준이라고 할 만한 행동 변화와 인식의 전환이 진행되고 있다. 모든 변화 중에서 가장 주목해야 할 것이 제품과 브랜드 및 서비스 정보에 대한 즉각적인 접근을 가능하게 해준 '소셜네트워크'의 부상이라는 점에는 의심할 여지가 없다.

소셜네트워크 덕분에 수많은 정보에 접근할 수 있고 실시간 전파가 가능해진 소비자들은 글로벌 생산 시스템의 전체 가치사슬에서 일종의 '투명성'을 요구하기 시작했다. 이는 생산기지를 해외로 이전해 인건비와 운송비를 절감하는 제3차 산업시대의 운영 모델에서 비롯된 문제이기도 했다. 소비자들은 자신들이 사용하는 제품과 서비스가 환경을 파괴하고 노동을 착취하는 기업과 비민주적 시민 국가에서 생산되지 않기를 바랐다. 이제 기업들은 '착한 기업'이라는 이미지를 획득하려는 목표와 수익성을 최대화하려는 목표 사이에서 끊임없이 줄다리기하게 되었다.

기업에 대한 윤리적 요구가 높아진 것과 더불어, 기존 세대와는 달리 일에서 더 큰 의미를 추구하는 이른바 Y세대와 Z세대가 노동시장에 진입했다. 소셜네트워크를 능숙하게 사용하며 자기주장이 강한 Y세대와 Z세대는 기업이 생산기지와 개발센터를 어디에 배치하는지에 대해 더욱 민감하게 반응하고 비판적인 태도로 임했다. 이는 일부 국가와 지역에서 맹목적 애국주의, 즉 쇼비니즘chauvinism의 확산과 맞물려 한층 더 복잡한 상황으로 전개되었다.

이러한 흐름에서 한 가지 주목할 점은 세계화의 혜택을 듬뿍 받은 대도시와 상대적으로 소외된 '주변 지역'의 격차가 점점 더 벌어지는 '양극화' 현상이다. 제3차 산업시대에는 원재료나 가공식품을 대도시에 공급하는 주변 지역들이 서로 경쟁하면서 자연스럽게 자원을 재분배했다. 미국 아이오와주와 같은 농업 지역의 소도시들은 대도시로부터 제조업에서 발생하는 단순노동과 생산 활동을 하청받았고, 대도시에서는 그들에게 교육 시스템을 제공했다. 또 소도시 사람들은 하청으로 벌어들인 돈을 대도시에 와서 소비했고, 이로써 대도시에서는 더 많은 부가가치가 발생했다. 이러한 세계화 시스템은 대체로 모든 당사자에게 이점을 제공하면서 환영받았다.

하지만 이제 기존의 주변 소도시들은 멕시코나 동유럽, 아시아 지역의 중간 규모 도시들과 경쟁해야 하는 상황에 처했다. 이것은 제3차 산업시대의 오프쇼링offshoring[4]이 정치적 신뢰 기반이나 지리적 근접성과는 아무런 상관 없이 운영비 절감과 수익성을 목표로만 진행되었기 때문이다. 이는 지역 간 불균형을 심화하고 갈등을 유발했다. 나아가 최근 주요 선진국의 선거 결과에서도 확인할 수 있듯이, 많은 사람들이 세계화를 기반으로 하는 기존의 경제 시스템에 등을 돌리게 만들었다.

기업 윤리에 대한 요구가 커지면서 극단적으로 단기 이익을 추구하는 주주행동주의shareholder activism[5]도 집중포화의 대상이 되었다. 금융시장 자유화는 기업이 쉽게 신주를 매각하거나 투자를 유치할 수 있게 해주었다. 이에 따라 기업의 자본이익에서 주주가 가져갈 수 있는 가치가 줄어드는 '자본 희석capital dilutions' 현상이 빈번하게 일어났다. 이는 확실히 비정상적인 것으로, 2008년 금융위기를 계기로 실물경제와는 상관없이 금융시스템이 통제 불능이 될 수 있음을 전 세계가 인식하게 되었다.

금융시장 자유화로 인한 혼란은 두 가지 반응을 불러일으켰다. 하나는 제조업의 중요성과 더불어 그 핵심이 되는 물리적 생산설비의 가치에 대해 새롭게 생각하게 된 것이고, 다른 하나는 지나치게 단기 수익만을 좇음으로써 기업과 그 구성원들을 소외시키는 주주들에 대한 불신이 더욱 커진 것이다.

제3차 산업시대의 많은 자본가들은 생산설비 유지와 첨단화를 위한 투자는 등한시한 채, 심지어 때로는 차입매수LBO[6] 방식을 이용해, 제조기업과 공장을 싼값에 사들여 1~2년 후에 비싸게 팔아버리는 행위를 통해 돈

---

4 기업이 운영비 절감을 위해 생산, 용역, 일자리 등을 해외로 이전하는 것을 말하며, 하청이나 아웃소싱의 한 형태로도 볼 수 있다.
5 주주들이 자신의 투자 이익을 극대화하기 위해 해당 기업의 경영 및 지배구조에 관련된 의사결정에 적극적으로 개입하는 행위를 말한다.
6 기업을 매수할 때 매수 자금의 상당 부분을 피매수 기업의 자산을 담보로 차입한 자금을 이용하는 것을 말한다.

을 벌었다. 하지만 이러한 투자 전략에 내포된 탐욕스러움은 기술 발전의 가속화와 함께 더욱 극명하게 드러났고, 언론과 대중으로부터 외면받기 시작했다.

또 다른 주요 변화는 디지털 경제의 중요한 원리가 다른 산업 분야에도 접목되기 시작했다는 점이다. 특히 디지털 경제 분야에서 일어나는 비물질적 거래의 특성으로만 간주되었던 '즉시성'이 물리적 형태의 제품을 생산하는 제조업 분야에서도 요구되었다. 제3차 산업시대에 생산성이 향상되면서 제품 생산에 필요한 시간이 획기적으로 단축되었음에도 새로운 속도를 요구하는 고객 요구에 대응하기 위해서는 전혀 다른 차원의 생산성 혁신이 필요했다. 거대 기업이 규모의 경제를 통해 더 높은 이익을 실현한다는 발상 역시 의심의 대상이 되었다. 고객 요구에 대한 신속하고 즉각적인 대응이 필요한 새로운 산업 시스템에서 큰 규모는 장점이 아니라 오히려 장애가 되었기 때문이다.

제3차 산업시대의 기술 역시 매우 새롭게 세분화된 수요를 충족시키기 위한 대응성에서 한계에 도달했다는 점이 분명해졌다. 이제 제조업은 자신이 원하는 고유한 제품을 원하는 시기에 구매하기를 바라는 고객 수요에 대응해야 했지만, 기존의 제조업 기술과 시스템은 이를 해결하기에 적당하지 않았다.

가령 제3차 산업시대에 공장의 기계 설비와 공정은 비슷한 작업을 하나로 묶어 직렬로 배치하는 방식으로 크기와 순서가 재조정되었다. 산업용 로봇은 특정 공간에 갇힌 채 일했기 때문에 오직 전문 기술자만 접근할 수 있었고, 전사적자원관리 시스템으로 모든 데이터를 일괄처리하면서 일 년에 한 번씩 모든 생산 계획을 조정했다. 이러한 방식으로 설계된 시스템들 역시 자리를 잡는 데 수년의 시간이 필요했다. 하지만 지금의 빠른 시장 변화와 맞춤화 수요에 충분히 대응하려면 또다시 일련의 혁신이 필요하다. 기존 제조업 시스템을 혁신하기 위해서는 민첩하게 작업하고 학습할 수 있는 '협업 로봇'과 더불어, 매우 빠르게 설치되고 운영될 수 있는 서비스형 소프트웨어SAAS[7]를 기반으로 한 전문 응용 프로그램이 하나의 해결책이 될 수 있을 것이다.

새로운 기술이 기하급수적인 속도로 발전함에 따라 기업에서는 그 속도를 따라가며 혁신을 꾀할 수 있는 최첨단 역량이 필요해졌다. 하지만 모든 최첨단 역량을 자체적으로 개발하는 것은 거의 불가능하므로 전문가들과의 협력도 강화해야 했다. 기업의 혁신 활동은 더이상 '기밀'에 부쳐지며 폐쇄적으로 이루어지기 어렵게 되었다. 지금 기업 혁신을 위해 중요한 것은 오히려 외부의 전문적 역량에 대한 개방성과 접근성 그리고 경쟁자까지도 아우르는 광범위한 파트너십이다.

여기서 문제는 경쟁자들이 지닌 유용한 역량을 발견하고 이용하기 위해 개방성을 유지하면서, 동시에 시장에서 그들과의 차별화를 통해 경쟁력을 계속 유지할 수 있도록 균형을 잡는 일이다. 기하급수적인 기술 진보에 따른 가장 큰 딜레마는, 기업들이 전통적 경쟁자들뿐 아니라 (디지털 기업이지만 전체 산업 분야에 영향을 미치는 GAFA를 포함해서) 다른 분야의 경

---

7 여러 기능 중 이용자가 필요로 하는 것만을 배포해 이용하도록 한 '서비스형 소프트웨어(software as a service)'를 말한다.

쟁자들까지 불신하게 되었다는 점이다.

제3차 산업시대에 불어닥친 변화들은 우리에게 심오한 도전을 던져주고 있다. 이제 우리는 새로운 표준으로 나타나는 파괴적 혁신들에 어떻게 대응해야 할까? 점점 더 그 양상이 뚜렷해지는 네 번째 산업시대에 필요한 새로운 조직 운영 모델은 어떤 것이 되어야 할까?

새로운 산업시대의 네 가지 도전 과제

새로운 산업시대는 점진적인 변화가 아닌 파괴적 혁신을 필연적으로 동반한다. 테일러주의, 포드주의, 도요타주의를 이을 새로운 조직 운영 모델이 달라진 고객의 요구를 충족시키면서 모든 기술적 변화를 최대한 활용하는 것이어야 함은 분명하다.

제4차 산업혁명과 새로운 모델에 관해 이야기하기 전에, 앞에서 언급한 주요 도전 과제와 그 일차적 효과를 좀 더 자세히 살펴보기로 하자. 그림 1.2에서 보듯이, 첫 번째 도전 과제는 기계, 인간, 제품을 비롯해 각각의 직업과 개인의 사생활까지도 모두 네트워크로 연결되는 '초연결hyper-connectivity'이다. 새로운 세계에서 모든 사람이 서로 연결되며, 누구나 각종 정보에 손쉽게 접근할 수 있다. 특히 소비자들은 모든 정보를 실시간으로 확인할 수 있기를 바라며, 이는 고객 요구에 대한 대응성을 높이려는 기업들이 네트워크를 더 많이 활용해야 한다는 뜻이다.

두 번째 도전 과제는 기술의 진보가 이루어지는 '기하급수적인 속도'에

그림 1.2　새로운 산업시대의 네 가지 도전 과제

초연결	기하급수적 진보	초집중	공유경제

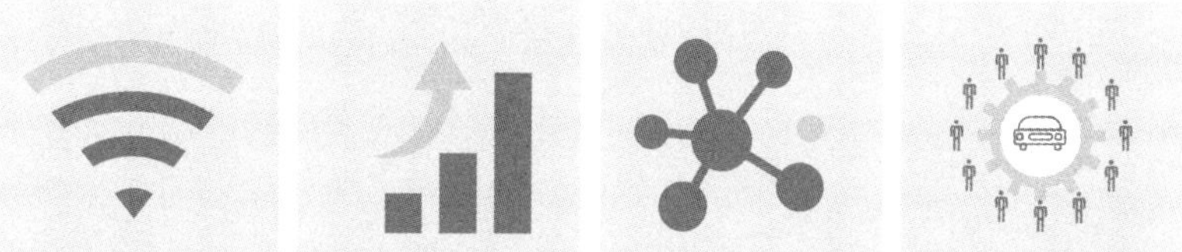

초연결: 고객 요구에 대한 대응성, 조직 내 새로운 세대에 대한 동기부여

기하급수적 진보: 기술의 최첨단화와 원자화, 핵심 성공 요소가 된 민첩성

초집중화: 인재 확보 경쟁, 사회적 양극화의 위험, 생태계의 중요성 부각

공유경제: 파괴적 혁신과 기회의 통합, 데이터 관리를 둘러싼 경쟁과 리스크

출처: Opeo

있다. 무어의 법칙을 통해 우리는 새로운 세계에서의 기술들 역시 이러한 추세를 따르리라는 것을 알고 있다. 기술 진보의 결과는 최첨단화되고 원자화atomization되는 것이다. 산업용 로봇, 3D 프린팅, 사물인터넷, 인공지능을 비롯한 각종 디지털 도구가 계속 변화하고 발전하는 가운데, 기업은 이를 이용해 어떻게 이익을 극대화할 것인가 하는 점이 중요한 문제가 되었다. 이에 지속가능한 대응성을 기반으로 하는 '민첩성'이 핵심 가치로 대두되었다.

세 번째 도전 과제는 디지털 세계의 대기업들이 시가총액 측면에서는 물론이고 지리적으로도 지배적 위치를 갖게 되는 '초집중hyper-concentration' 현상이다. 단 열 개의 클러스터cluster에서 전 세계 연구개발의 4분의 3이 이루어지고 있는 것이 대표적인 예이다. 이러한 과도한 집중은 고용 불안정과 중산층 소멸 가능성 등의 사회적 불균형을 일으켰으며, 무엇보다 지역 간 양극화를 심화하였다. 이러한 초집중 현상은 모든 기업의 비즈니스 모델에서 보완되어야 할 것이 무엇인지를 알려주었다. 핵심은 생태계의 가치를 보존하는 것이다. 즉 '독보적인 승자가 모든 원칙을 만들어내는' 디지털 경제 시스템이 사회적·환경적 파괴로 이어지지 않도록 안전망을 구축하는 것이다. 이것은 새로운 세대가 자신의 직업과 소비 생활에서 추구하는 가치이기도 하므로 모든 기업은 이에 어떻게 대응할지 고민하지 않으면 안 된다.

마지막으로 네 번째 도전 과제는 중요한 가치에 대한 인식 변화와 관련이 있다. 지금 소비자들은 제품을 '소비'하는 방식보다 여럿이 함께 '이용'하는 방식에 더 많은 관심을 보인다. 이는 공유 경제를 기반으로 하는 혁신적인 서비스를 제공하는 디지털 플랫폼이 성공하고 있는 이유이기도 하다. 기업에서는 이러한 고객 요구를 충족시키기 위한 맞춤형 서비스와 제품을 내놓아야 하는 문제를 고민하고 있다.

새로운 산업시대가 직면한 도전들은 매우 본질적이면서 구조적인 문제들이며, 따라서 이에 대응하기 위한 새로운 조직 운영 모델은 '파괴적 혁신'의 결과물일 수밖에 없다. 기업들이 실질적으로 해결해야 하는 과제들은 훨씬 더 복잡할 수 있는데, 그것은 파괴적 혁신 자체가 매우 방대한 범위에 걸쳐 일어나고 때때로 모순적이며 개념화하기도 어렵기 때문이다. 실제로 어떤 기업 리더들은 새로운 산업시대의 도래에 회의적인 태도를 보였고, 또 다른 기업 리더들은 새로운 산업혁명의 흐름에서 요구되는 운영 모델과 전략에 대해 당혹감을 감추지 못했다.

리더들이 회의적인 태도를 보이거나 당혹감을 느끼는 이유는 무엇일까. 우선 그들은 제4차 산업혁명이 기하급수적 기술 진보를 바탕으로 하면서도 어디까지나 제3차 산업혁명의 연장선에서 진행되고 있다는 점을 간과하고 있다. 그들은 완전히 새로운 무언가를 '막연히' 기대하고 있기 때문에 기술의 진보가 이룬 혁신의 결과물이 어떤 의미를 지니는지 제대로 파악하지 못하고 있다.

두 번째 이유는 제4차 산업시대가 추구하는 가치와 개념이 지닌 모순적 특성 때문이다. 새로운 산업시대의 조직 운영 모델은 고도의 정교함을 필요로 하는데, 이는 뛰어난 적응력이나 민첩성과는 대치되는 개념이다. 또 단기 수익률보다는 장기적 이익에 초점을 맞추는 것 역시 시장에서 요구하는 재정적·운영적 민첩성과 상충하는 것으로 보인다.

세 번째 이유는 디지털 경제의 모델을 제조업에 가져와 적용한다는 것에 대한 몰이해와 거부감 때문이다. 그들은 제조업과 디지털의 융합이 얼마든지 가능하며 그 결과가 얼마나 '파괴적'일지에 대해 제대로 파악하지 못한 채 관성적인 반작용을 보여주고 있는 것처럼 보인다.

도요타주의를 계승하는 테슬라주의

제4차 산업혁명이 부정되거나 거부되는 또 다른 중요한 이유로 새로운 산업시대를 주도할 혁신적인 조직 운영 모델이 명확하게 정립되지 못했다는 점을 들 수 있다. 흔히 산업혁명을 급진적 기술 혁신의 결과로만 보는 경향이 많지만, 사실상 산업혁명은 기술 혁신과 더불어 시장과 사회에서의 혁신 그리고 기업의 조직 혁신이라는 세 가지 혁신을 토대로 이루어졌다. 기술 혁신은 필연적으로 새로운 시장 수요와 사회적 변화를 창출했으며, 이에 대응해야 하는 기업에서는 반드시 새로운 조직 운영 모델을 필요로 했기 때문이다.

인류가 이미 경험한 세 차례의 산업혁명을 살펴보더라도, 혁명이 시작되는 초기에는 언제나 체계적이고 새로운 조직 운영 모델이 등장해 기업들이 변화에 적응하고 경쟁력을 강화하는 데에 도움을 주었다. 제1차 산업혁명 초기에는 증기기관의 출현에 발맞추어 조직적인 측면에서 기계화가 이루어졌다. 대량생산을 특징으로 하는 제2차 산업혁명 초기에는 테일러주의와 포드주의가 나타나 실질적이고 급진적인 생산성 향상을 이끌었다. 자동화와 정보화 그리고 세계화로 요약되는 제3차 산업혁명 초기에는 글로벌 공급사슬에서 고도의 효율성과 부가가치의 극대화를 추구함으로써 고객 만족을 최종 목표로 하는 조직 운영 모델로서 도요타주의가 등장했다.

그렇다면 이제 제4차 산업혁명의 거대한 도전을 해결할 새로운 조직 운영 모델은 어떤 것이 되어야 할까? 우선 기하급수적인 기술 진보 속도에 맞추어 조직 역량을 발전시키기 위해서는 인재를 끌어모을 수 있어야 한다. 고객 요구에 신속하게 대처할 수 있는 즉시성과 민첩성을 갖춘 생산 시스템과 네트워크 역시 필요하다. 그리고 새로운 도전들을 기회로 바꿀 수 있을 만큼 '파괴적'인 혁신 모델도 필요하다. 제4차 산업혁명을 이끌어갈 조직 운영 모델은 기술과 인간, 비즈니스의 모든 측면에서 새로운 속성들을 결합하여 구축될 것이다.

리더의 대담성과 뛰어난 혁신 능력 덕분에 제4차 산업혁명에 어울리는

그림 1.3　제4차 산업혁명의 조직 패러다임인 테슬라주의

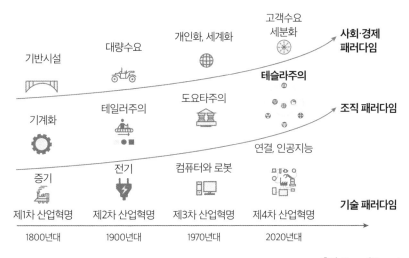

출처: Opeo ⓒDunod

새로운 조직 패러다임을 제대로 보여주는 기업이 바로, 이 책에서 다룰 '테슬라'이다. 캘리포니아에서 스타트업으로 출발한 테슬라는 20세기 초 포드, 제너럴모터스, 크라이슬러Chrysler가 등장한 이후 오랜만에 미국의 '주요 자동차 기업' 명단에 이름을 올렸다. 일론 머스크라는 비범한 리더가 이끄는 이 회사의 조직 운영 모델은 '테슬라주의'라 부를 수 있으며, 이는 제3차 산업시대에 도요타주의가 했던 역할을 계승해 특히 제조업 분야에서의 산업혁명을 이끌어가고 있다.

　테슬라주의는 하나의 시스템으로, 세 개의 동심원을 중심으로 전개된다. 동심원 중 하나는 안쪽을 향해 있고, 다른 하나는 바깥쪽을 향해 있다. 가장 안쪽에 위치한 세 번째 동심원은 핵심 체계로서 학습을 통한 인

그림 1.4 **테슬라주의의 7원칙**

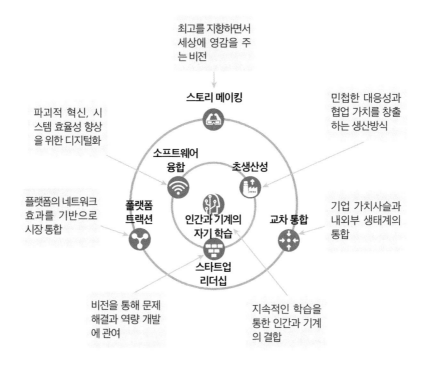

출처: Opeo ⓒDunod

간과 기계의 결합에 초점을 맞추고 있다. 이 시스템은 그림 1.4에서 보듯이, 스토리 메이킹, 교차 통합, 플랫폼 트랙션, 스타트업 리더십, 소프트웨어 융합, 초생산성 그리고 자기 학습이라는 일곱 가지 원칙을 바탕으로 하고 있다.

일곱 가지 원칙을 본격적으로 탐구하기 전에 테슬라주의가 어떻게 제4차 산업시대의 전략적·기술적 도전에 대한 신뢰할 만한 해결책이 될 수

그림 1.5 테슬라주의의 네 가지 목표

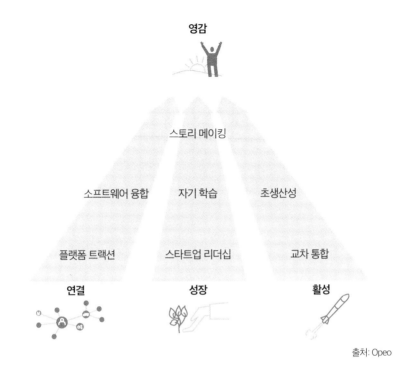

영감

스토리 메이킹

소프트웨어 융합　　자기 학습　　초생산성

플랫폼 트랙션　　스타트업 리더십　　교차 통합

연결　　　　성장　　　　활성

출처: Opeo

있는지 알아볼 필요가 있다. 그런 다음 '비즈니스 생태계를 디지털로 연결한다', '기업 성과를 뛰어넘어 세상에 새로운 영감을 준다', '운영 시스템과 인터페이스를 활성화한다', '조직이 성장함에 따라 구성원들도 매일 성장할 수 있도록 한다'라는 네 가지 주요 목표를 달성하기 위해 앞서 언급한 일곱 가지 원칙들이 어떤 역할을 하는지 분석해보고자 한다.

　테슬라의 이 네 가지 목표는 제4차 산업시대가 직면한 네 가지 도전과 정확히 일치한다. 세계에 영감을 주는 것은 가치와 역량의 초집중화로 제기된 윤리적 요구에 대응할 수 있게 하며, 운영 시스템과 인터페이스의 활성화는 고도로 세분화한 고객 수요에 즉각적으로 대응할 수 있도록 해준다. 사람과 기계 그리고 제품 사이의 초연결을 통해 공유경제의 도전 과제를 해결할 수 있으며, 마지막으로 조직 구성원들의 성장을 돕는 것은 개인과 기업의 역량을 발전시켜 기하급수적인 진보를 시간과의 싸움이 아니라 기회로 삼을 수 있게 한다.

JPB시스템즈 사례:
제조업과 디지털의 융합

———

항공기 자동잠금장치 제조업체 JPB시스템즈를 운영하는 젊은 사업가 다미앵 마르크Damien Marc는 자신이 일론 머스크와 같은 부류의 사람이라는 걸 전혀 알아차리지 못했다. 그저 "회사를 성장시키는 것이 아버지를 살아 있게 하는 가장 좋은 방법"이라고 생각하며 일한다고 말했다.

다미앵의 아버지는 사진작가였지만, 아들이 제대로 된 직업을 갖길 바라는 부모님의 뜻에 따라 르모니에연구소Lemonnier Institute에서 일하며 항공기계 분야에서 새로운 경력을 쌓았다. 그의 예술가적 창의력은 현장에서 문제점을 발견하고 의문을 제기하는 데에도 발휘되었다. 하지만 그 문제는 항공업계에서 오랫동안 묵인해온 것이었고, 선지자들이 대부분 그랬던 것처럼 그의 의견도 받아들여지지 않았다. 사람들은 '만약 그 문제가 해결될 수 있는 것이라면 왜 지금껏 아무도 시도하지 않았겠는가'라고 생각했다. 결국 다미앵의 아버지는 스스로 문제를 해결하기로 결심하고,

동료 한 명과 JPB시스템즈Systems를 설립했다. 그는 이후에도 6년 이상의 긴 시간이 걸려서야 실험용 제품을 완성할 수 있었다.

다미앵은 이론적인 학문보다는 현실적인 문제를 해결할 수 있는 전자 공학에 마음을 빼앗겼다. 공과대학에서 공부를 마친 다음에는 아프리카에서 인턴십을 하기도 했다. 그때까지만 해도 다미앵은 아버지가 하는 사업에 대해 전혀 알지 못했다. 그런데 아버지가 심장마비로 갑작스럽게 혼수상태에 빠지면서 상황이 빠르게 변했다. 항공기계 사업에 대해 전혀 알지 못했던 다미앵은 처음부터 다시 시작해야 했다.

혁신에 따른 리스크를 기꺼이 감수하는 자세

다미앵은 "탁월함만이 유일한 선택"이라는 생각에 집중했다. 그는 "항상 먼 앞날을 바라보고 전진하며 모든 장애에 맞서 싸울 것"을 결심했다. 그의 이런 태도는 매우 성공적이었고, 경쟁자들을 제치고 선두에 설 수 있도록 해주었다. 지난 10년 동안 JPB시스템즈는 믿을 수 없을 만큼 크게 성장했다. 이 회사의 주요 고객은 세계 항공업계에서 가장 큰 엔진 제조업체 네 곳이다. 연간 매출액은 1,800만 유로가 넘는다.

다미앵은 대담하고 열정이 넘쳤지만, 한편으로는 안일함과 자만심을 경계했다. 그는 상황에 상관없이 언제나 겸손하고, 결과에 초점을 맞추는 방법을 알고 있었다. "처음에 선택의 여지가 없었던 저는 단순히 시스템을 관찰하는 사람으로 머물러야 했습니다. 전자공학 출신인 저는 기계공학에 대해서는 문외한이었으니까요."

제일 먼저 한 일은 새로운 상황에 적응하는 것이었다. 다행히 학습 능력이 뛰어났고, 무엇보다 변화와 혁신에 따르는 리스크를 기꺼이 감당하려는 태도를 지녔다. 예를 들어, 그는 회사가 상승 궤도에 올랐을 때 자동화 생산라인을 구축하기로 했다. 생산기지를 폴란드로 옮기고 싶지 않았기 때문이다. 모든 사람이 위험한 일이라고 생각했지만, 결과는 엄청난 성공으로 돌아왔다.

다미앵은 의심에 굴복하지 않았고 자신이 하는 일에 신념을 가졌다. JPB시스템즈의 혁신성과 역동성을 뒷받침하는 또 다른 토대는 빠른 실행 능력이다. 이 회사에는 신뢰와 자율성을 바탕으로 하는 신속한 의사결정 시스템이 있다. "보통은 망설이지 않고 즉시 의사결정을 하려고 합니다. 늦어도 그날이 지나기 전에 결정을 내립니다."

고객의 요구에 민첩하게 대응하는 스타트업 전략

JPB시스템즈 설립 초창기에는 주로 기계공학 분야의 연구개발에 회사의 모든 역량이 집중되었다. 다미앵의 아버지가 개발한 제품은 혁신의 결과물이었다. 하지만 당시 회사는 규모가 작았고, 부품 공급업체에 대한 의존도가 높았다. 또 하나의 대형고객사에 회사의 매출 전부가 걸려 있는 상황이었다.

다미앵은 수직적 통합과 새로운 차원의 네트워크가 필요하다고 판단했다. 그리고 전형적인 스타트업 전략을 채택했다. 제품의 최종 사용자, 정확히 말하자면 프로세스 엔지니어들과 직접 거래하기 시작한 것이다. 그때부터 JPB시스템즈 개발팀의 주요 목표는 그들의 고객에게 최대한 신속하게 '시제품prototype'을 만들어 보여주는 것이 되었다. 다미앵은 새로운 시제품을 개발하고 시험할 수 있는 금속가공기계, 건조장, 시험대 등의 시설과 장비에 적극적으로 투자하면서 기적 같은 해결책을 생각해냈다. 이것은 항공기계 분야의 혁명이었고, JPB시스템즈는 여러 건의 제품 개발 계약을 성사시켰다.

한 단계의 도약은 한편으로 새로운 골칫거리를 낳았다. 회사의 규모가 잠재 구매자들의 요구를 충족시키기에 충분하지 못했던 것이다. 다미앵은 지역 동종업계와 협력하여 영국이나 미국의 고객들이 만족할 만한 생산 규모를 갖추었다. 또 가능한 한 많은 공정을 자동화하고 혁신했을 뿐 아니라, 전사적자원관리와 생산관리시스템MES을 구축함으로써 세분화된 고객 요구에 더욱 민감하고 민첩하게 대응했다.

회사 규모는 더욱 커졌지만, 다미앵은 자신의 위치에 여전히 만족하지 않는다. 최근에는 프랑스 공공투자은행 BPI France의 스타트업 인큐베이터 사업에 참여하고 있으며, 회사를 홍보하고 인재들을 영입하기 위해 언론과 협력하는 등 다양한 채널을 이용하고 있다. 이러한 네트워크는 특히 대기업과 경쟁해야 하는 소규모 벤처 기업에는 매우 중요한 성공 요인이다.

신뢰와 자부심이 팀을 성장시킨다

다미앵은 고위 관리자와 일선 노동자 사이의 신뢰가 얼마나 중요한지 잘 알고 있다. "저는 신뢰를 바탕으로 일합니다. 누구나 자신이 잘할 수 있는 분야가 있습니다. 장담할 수 있는 것은 의욕이 넘칠수록 더 빨리 높은 자리에 오를 수 있다는 점입니다." 다미앵은 자신이 자리를 비웠을 때도 회사가 잘 운영되고, 때로는 훨씬 더 잘 운영되는 것을 보면 즐겁다고 말한다. "직원이 실험실에서 방금 나온 시제품을 보여줄 때 행복합니다. 직원들은 자신의 업무에 자부심을 갖고 있으며, 저도 마찬가지입니다."

모든 일에서 최고를 추구하는 다미앵의 비전은 때로 엄격함으로 나타난다. "눈에 잘 띄지 않는 기계 부품이라도 필요하다면 재도색을 요청합니다. 공장 내부를 언제나 깨끗하고 아름답게 유지해야 한다는 원칙 역시 철저하게 지키고 있습니다." 기업 문화를 혁신하려는 그의 의지는 사업을 수행하는 방식, 제품 개발과 생산 시스템에 대한 접근방식 그리고 직원을 채용하고 성장시키는 방식에서도 확인할 수 있다.

JPB시스템즈는 무엇보다 전통적인 공업 분야인 항공기계업에 디지털을 융합해 파괴적 혁신을 이룬 훌륭한 사례이다. 다미앵처럼 자신도 모르는 사이에 테슬라 방식의 혁신을 주도한 기업가들이 많이 있다.

소디스트라 사례:
사람을 중시하는 혁신 과정
———

프랑스 마옌주에 위치한 샤토 공티에는 역동적인 기업가들이 몰려 있는 작고 아름다운 마을이다. 에르완 코타네아Erwan Coatanea는 5년 전에 이곳에서 혁신적인 공기정화시스템 제조회사인 소디스트라Sodistra를 인수했다. 하지만 회사를 인수하고 4개월쯤 지났을 때 공장 설비와 시스템에 대한 감사를 실시한 결과 "표준에 부합하는 것이 하나도 없다"는 이야기를 들었다. 표준에 부합하도록 설비와 시스템을 재조정하려면 수백만 유로를 투자해야 하는 상황이었다.

타고난 낙관론자였던 에르완은 나쁜 소식을 오히려 기회로 이용하기로 마음먹었다. 그러고는 총 800만 유로를 들여 공장을 새로 짓기로 결정했다. 막대한 초기투자 비용으로 인해 성공하기 힘들 것이라던 사람들의 예상을 깨고, 소디스트라는 불과 5년 만에 매출액을 두 배로 늘리며 크게 성장했다.

에르완은 회사 내부의 혁신에서도 성공을 거두었다. 그는 '시스템의 중심에는 언제나 인간이 있다'라는 평소의 생각을 반영해 혁신 프로그램을 시작했다. 근로 조건을 대폭 개선하고, 고위 관리자와 일선 직원들이 서로 존중하는 기업 문화를 이끌었다.

작은 기업의 핵심 역량은 빠른 실행력이다

에르완과 함께 소디스트라를 방문했을 때, 나는 조용한 프랑스 시골 마을에서 창업 도시인 캘리포니아로 순간이동이라도 한 듯한 문화적 충격을 받았다. 넓게 개방된 공간에서 젊은 엔지니어들이 경험 많은 동료들과 함께 즐겁게 일하는 모습에서 활력 넘치는 에너지가 느껴졌다. 누군가는 농담처럼 이런 이야기를 했다. "에르완은 하루에도 새로운 아이디어를 40개씩 내놓아 우리를 힘들게 하곤 해요." 그런데 이 말은 농담이 아니었다. 소디스트라처럼 작은 기업에는 빠른 실행력이야말로 매우 중요한 성공 요인이다.

현장에 가보니 생산 공정 속도를 높이는 데 최적화되어 있음을 한눈에 알 수 있었다. 대규모 생산설비와 광범위한 자동화 시스템, 작업 정확도를 제어하고 재고를 최소화하기 위해 통합된 소프트웨어, 프로젝트 현황을 시각적으로 보여주는 안내판 등은 모두 공정이 지연되거나 낭비가 발생하지 않도록 하는 훌륭한 장치들이었다. 이러한 공정 설계는 소디스트라의 경쟁력과 시장점유율 확보에 결정적인 요소였다.

민첩한 조직을 만드는 것은 사람이다

에르완은 조직이 더 빠르고 민첩해지려면 끊임없이 진화해야 하며, 특히 기계 못지않게 사람이 중요하다는 것을 거듭 강조했다. 일하는 사람들의 사고방식이 변해야 하며, 그 변화를 이끌어내는 과정이 매우 중요하다는 점도 누차 역설했다. "저는 일선에서 많은 시간을 보내면서 제가 내린 결정을 완벽하게 설명하기 위해 노력합니다. 모든 사람이 왜 그런 결정이 내려졌는지 그 이유를 이해할 필요가 있기 때문입니다."

소디스트라는 '주주, 고객, 노동자가 모두 연결되어 있으며, 회사의 모든 의사결정은 이들 모두에게 이익이 되어야 한다'는 원칙을 고수한다. 에르완에 따르면, 이 원칙은 경청, 개방, 정직이라는 세 가지 기본 가치를 준수함으로써 지켜진다. "진정한 '연결'은 주변에서 일어나는 모든 일을 관찰하고 듣는 것으로부터 시작합니다. 가장 중요한 점은 다른 사람들에게 마음을 열고 그들을 존중하며, 각자 자신에 맞게 관계를 발전시켜야 한다는 점입니다."

가장 중요한 성장 동력은 즐거움과 욕망이다

그렇다면 회사가 변혁을 겪으며 급성장하는 상황에서는 어떤 방법으로 직원을 뽑아야 할까? 소디스트라는 처음부터 사람들의 욕망과 동기에 집중했다. 에르완은 항상 '배우려 하고 목표를 달성하는 과정에서 즐거움을 얻는 사람을 찾는 일이 가장 중요하다'고 생각했다.

가장 중요한 점은 경험을 통해 학습 기회를 늘리는 것이다. 일을 통해 무언가를 배우는 과정에서는 마주치게 될 장애물이 아니라 그것을 통해 무엇을 성취할 것인지에 초점을 맞추는 것이 중요하다. 그와 같은 경험이 많이 쌓일수록 어떤 기회든 더 빨리 활용할 수 있게 된다. 학습 경험 못지않게 새로운 역량을 쌓기 위한 교육도 중요하다. 리더의 역할은 채용에서 지속적인 학습에 이르기까지 전체 과정이 최대한 유동적으로 유지되도록 하는 것이다. 그리고 직원들은 성공 가능성을 높여주는 모든 도구에 접근할 수 있어야 한다.

소디스트라의 성공 비결은 과감한 비전, 빠른 실행력 그리고 사람을 중시하는 혁신 과정이다. 무엇보다 에르완에게는 저항에 부딪힐지라도 하루하루 최선을 다하는 훌륭한 동료들이 있었다. 에르완은 소디스트라가 어떻게 테슬라 방식을 추구하는지에 대해 다음과 같이 간결하게 표현했다.

"사람들에게 먼저 110퍼센트를 주고, 그다음에 속도를 높이세요."

2장

테슬라주의의
7원칙

제1원칙

초생산성

디지털이 결합된 린 생산방식

Summary

◆ 초생산성은 디지털이 결합되어 업그레이드된 린 생산방식으로, 도요타주의의 고객 중심, 적시생산, 자동화라는 세 가지 원칙에서 출발한다.

◆ 여기에 검소함, 민첩성, 협업가치라는 세 가지 원칙이 추가되었다.

◆ 테슬라는 디지털 세계에서 사용된 모든 방식을 첨단산업의 조직 운영 모델에 결합할 수 있다는 사실을 보여주었다.

도요타주의의 목표와 원칙

'초생산성'을 간단히 정의하자면, '디지털을 결합해 업그레이드한 린 생산방식'이다. 그러므로 초생산성의 기본 원리를 이해하려면 먼저 도요타생산시스템TPS을 이해해야 한다. 도요타생산시스템은 '낭비를 최소화'하는 것을 기본 원칙으로 하는데, 이것이 바로 '린 생산방식'이다.

도요타주의의 첫 번째 기둥인 '적시생산JIT' 시스템은 '각 생산 공정에 필요한 자재를 원하는 수준의 품질로, 필요한 수량만큼, 원하는 시점에 조달하는 것'을 원칙으로 한다. 이는 재고를 최소로 유지하면서도 고객의 다양한 요구에 민첩하게 대응하기 위한 생산방식이다. 원리는 간단하고 단순해 보이지만, 실제로 생산 공정에 적용하는 것은 굉장히 복잡했다. 각 공정의 균형이 깨지거나 전체 흐름이 중단되지 않게 하려면 문제를 최대한 빨리 정확하게 감지하고 해결해야 했으며, 이를 위해 모든 원칙이 엄격하게 지켜져야 했다.

적시생산 시스템은 각 생산 공정의 속도와 흐름을 일정하게 유지하는 '평준화', 한 공정에서 하나의 제품만을 생산하는 '원피스 생산방식one-piece

그림 2.1 　도요타생산시스템의 목표와 주요 원칙

출처: Opeo, Womack and Jones(1990)

flow', 고객 주문에 제품 생산을 맞추는 '풀 시스템pull system', 모든 자원의 낭비를 제거해 효율을 극대화하는 '린 생산방식', 생산 공정 전체의 흐름을 시각적인 자료로 보여주는 '칸반 시스템kanban system'의 다섯 가지 원칙을 바탕으로 이루어진다.

적시생산 시스템의 주요 목표 중 하나는 한 공정에서 한 번에 처리되는 작업 단위를 의미하는 '배치batch' 크기를 최소화하는 것이었다. 유사한 기능이 요구되는 작업들을 최대한 모아서 배치 크기를 늘리면 기계적인 효율성은 올라가지만, 특정 공정에서 작업 정체가 이루어지면서 전체 공정의 '리드타임lead time'[8] 이 길어지는 단점이 발생한다. 결국 배치 크기를 줄여야 각 공정에서 생산 속도의 평준화를 달성하기 쉽고 정체 시간을 줄임으로써 유연하고 신속한 생산이 가능해진다.

그림 2.2 도요타생산시스템의 8대 낭비 요소

출처: Opeo, Womack and Jones(1990)

하지만 실제 생산 현장에서 배치 크기를 줄이기가 쉽지 않았다. 업종에 따라서 표준 배치 크기가 최소 열 개에서 많게는 수천 개에 이르기까지 다양했고, 평균을 내보자면 100개 정도였다. 이런 이유로 적시생산 시스템을 완벽하게 갖추는 데 성공한 기업은 많지 않았다.

도요타주의의 두 번째 기둥은 지도카, 즉 인간의 판단 능력이 결합된 자동화이다. 기계적인 자동화만으로는 효율적인 품질관리가 어렵기 때문에 불량이나 위험, 과잉생산 등의 문제가 발생했을 때 작업자가 직접 생산 공정을 멈출 수 있도록 한 시스템이다. 공정의 각 단계에서 품질을

---

8 생산에서 납품까지의 시간을 가리킨다. 리드타임은 가공시간과 정체시간을 모두 포함하는 것으로 정체가 길어지면 리드타임도 길어진다.

확인한 후에만 다음 공정으로 넘어갈 수 있으며, 한 공정에서 불량이 발생하면 전체 생산 시스템을 멈추고 원인을 밝혀 제거하는 데에 총력을 기울인다. 이로써 대규모 불량이 발생하는 위험을 줄일 수 있다. 여기에는 '처음부터 제대로right first time'라는 개념이 담겨 있다.

적시생산과 지도카라는 두 기둥은 '고객 만족'에 경영의 초점을 맞추면서 최대한의 '부가가치'를 창출하려는 도요타주의의 목표에 잘 들어맞았다. 적시생산은 과잉생산을 피한다는 것으로, 소비자에게 도달되지 않고 낭비될 제품을 생산하지 않는다는 원칙이다. 마찬가지로 자동화된 품질관리 시스템인 지도카는 불량으로 인한 낭비를 효율적으로 차단해, 최종 소비자에게 최고의 제품을 적시에 제공하겠다는 목표를 담고 있다.

테슬라의 혁신 비전, 초사고 원칙

자원 부족을 극복하기 위한 '검소함frugality', 고객 수요의 다양성과 변동성에 대응하는 '민첩성', 협업 가치collaborative value를 창출하는 '초연결hyper-connected'은 오늘날 고도로 발달한 모든 제조업 분야에서 중시하는 원칙들이다. 그런데 린 생산방식이 그렇듯이 초생산성hyper-manufacturing에서도 가장 중요한 것은 사고방식, 즉 '초사고hyper-thinking'이다. 초사고는 일론 머스크가 "문제를 해결할 때 물리학에서는 추정이 아니라 제1원칙에서부터 생각하라고 가르친다"며 강조하는 제1원칙과 관련이 있다. 즉 주어진 상황 안에서 변화를 시도하는 것이 아니라, 문제의 가장 밑바닥까지 파고

들어 근본적인 질문을 던지는 것이다. 이미 주어진 이론에서 출발해 결론을 유추하는 일반적인 사고법과 달리, 일론 머스크의 제1원칙 사고법은 어떤 사물이나 현상을 아주 작은 단위로 쪼개어 각각의 문제를 발견하는 데서 시작한다.

초사고 원칙은 특히 제품 개발 및 기술 혁신 과정에서 그간 당연하게 받아들였던 모든 선입견에 도전한다는 비전으로 구체화되었다. 이 비전으로 테슬라는 기계 설비의 능력, 인적 역량, 가용 공간 그리고 에너지와 원자재 같은 희귀자원의 생산성을 극대화하는 데 초점을 두었다. 더 나아가서는 제조 공정의 속도와 민첩한 대응성 그리고 전 세계에 자신들의 생산방식을 '개방'하는 것에 대한 집착으로 이어졌다.

제4차 산업시대가 시작되어 '산업용 소프트웨어 데이터베이스'가 발전을 거듭하면서, 제조업 생산성을 혁신하는 과정에서 검소함frugality, 민첩성, 협업 가치가 중요한 성공 요소로 작용하게 되었다. 초생산성 원칙은 위 요소들을 추구하는 데 장애가 되는 문제를 극복하는 데 초점을 맞추고 있다.

자원의 검소한 소비와 낭비의 제거

전 세계는 지구온난화에 대응해 탄소배출량을 줄이기 위해, 화석연료 사용을 중단하고 재생에너지 사용을 늘리는 추세이다. 또한 지금까지의 경제 활동이 환경을 오염시키고 생태계를 파괴하는 방식으로 이루어져

온 것에 대한 반성으로 '검소한 경제frugal economy'가 대안으로 제시되었다. 검소한 경제는 전체 가치사슬에서 환경에 미치는 영향을 최소화하고 에너지 자원 사용을 줄이는 것을 핵심 내용으로 한다.

검소한 경제 시스템에서 소비자들은 제품과 서비스를 '소유'하기보다 다른 사람들과 함께 이용하는 '공유'를 선택하고 있다. 소셜네트워크 덕분에 제품의 원산지와 생산 과정에 대한 정보를 손쉽게 접할 수 있게 되면서, 소비자들은 자신이 소비하는 제품과 서비스에 환경 파괴와 자원 낭비 등의 '윤리적'인 문제가 없는지에도 관심을 가진다.

검소한 경제와 산업은 네 가지 축에 의해 뒷받침된다. 첫 번째 축은 설계 단계에서부터 희귀자원의 소비를 최소화하고 재생에너지 사용을 촉진하는 제조 방법과 소재를 개발함으로써 제품 생산 과정에서 발생하는 탄소발자국을 줄이는 것이다. 초기 원재료 단계부터 최종 소비자에게 전달되기까지 글로벌 운송 작업을 최적화하는 것 역시 탄소발자국을 줄이기 위한 방안으로 모색된다.

이는 두 번째 축인 '저소비 생산'으로 이어진다. 즉 원자재 낭비, 불량으로 인한 반품, 불필요한 에너지 소비를 사전에 방지하는 제조 공정을 설계하고 운영하는 것이다. 동시에 쓰레기를 최소화하고 폐기 잔여물은 재활용하며 오염물질 배출 규정을 준수하는 작업이 여기에 포함된다.

세 번째 축은 기업의 '사회적 책임' 확대이다. 소비자들은 이제 제품의 생산 및 유통의 전 과정을 검증하면서 소비 결정에 참고한다. 이는 즉, 이제 기업 역시 전체 공급사슬의 처음부터 끝까지 사회적 책임을 다해야 한다는 의미이다.

에너지 자원을 아끼라는 요구가 높아지는 한편, 고객들은 점점 더 다양한 맞춤형 제품을 더 빨리 구매하기를 바라고 있다. 수요는 극단적으로 세분화하고 다변화했다. 그에 따라 기업은 민첩성과 더불어 '대량 맞춤 생산mass customization'을 요구받고 있다. 민첩성과 대량 맞춤 생산의 결합은 '단일 배치 크기single batch size'와 '당일 배송'이라는 새로운 패러다임을 형성하였다.

적시생산의 여러 원칙은 여전히 유효하지만, 점점 많은 부분에서 수정이 필요해졌다. 가령 극단적으로 세분화된 수요에 대응하려면 매우 다양한 제품을 빠르게 생산해야 하고, 이를 위해 대량생산 시스템에서 100개 단위로 표준화되었던 배치 크기를 '단일 배치 크기'로 수정해야 했다. 한 단위의 제품 생산을 시작한 시점으로부터 다음 단위의 제품을 생산하기 시작하는 시점까지의 평균 시간을 의미하는 '택타임takt time'은 이제 신속한 대응을 바라는 고객 요구 속도에 맞게 수정되고 재설계되어야 한다. 린 생산방식은 여전히 전체 공급사슬에서 중요한 원칙으로 남아 있지만, 이제는 작업자가 부품을 고르기 위해 움직이는 것이 아니라 부품이 사람에게 전달되는 방식으로 바뀌었다.

시장 변화에 민첩하게 대응하기

도요타주의의 두 번째 기둥인 '지도카' 시스템에 따라 설계된 원칙들은 여전히 유효하지만, 한편으로는 시스템이 고객 요구에 더 빨리 대응할 수 있도록 속도를 올리고 있다.

민첩성이 중요한 요인이 되면서 전체 제조 공정의 업스트림^{upstream}에 해당하는 제품 개발 단계에서 상대적으로 더 많은 혁신이 필요해졌다. 이에 따라 전통 제조업의 계획적이고 순차적인 개발 방식과, 주로 소프트웨어 개발 분야에서 통용되던 '애자일^{agile}' 방법론[9]을 이종 결합한 새로운 개발 방식이 일반화되었다.

소프트웨어 개발 분야에서는 고객이 요구하는 사양이 수시로 변화하기 때문에, 개발 시간이 길어지면 성패를 예측할 수 없게 되는 경우가 많다. 따라서 고객의 요구에 즉각적으로 대응하기 위해서 주기별로 하나의 기능씩 개발하여 추가해나가는 유연하고 개방적인 작업 태도가 요구된다. 이때 고객과 개발자와의 즉각적인 의사소통, 공유와 협력이 중요한 작업 원칙으로 포함된다.

이러한 애자일 방법론이 제조업 분야의 개발 단계에 결합된 이유는 '처음부터 제대로'라는 품질관리 원칙에도 변화가 필요했기 때문이다. 급속한 변화를 거듭하는 오늘날의 시장은 완벽한 행동보다는 민첩한 행동을 더 선호한다. 따라서 제품 개발과 혁신에서도 실수가 용인되는 애자일 방법론의 '시험 후 학습' 원칙이 부상했다.

제4차 산업혁명의 신기술은 민첩성과 대응성을 높이는 데에 기여하고 있다. 로봇화, 특히 무인운송로봇^{AGV} 덕분에 작업자의 이동 거리가 대폭

---

9 소프트웨어 개발에서, 개발 대상을 다수의 작은 기능으로 분할하여 하나의 기능을 하나의 반복 주기 내에 개발하는 개발 방법을 말한다. 즉 하나의 반복 주기에 하나의 기능씩 추가 개발된다.

줄어들면서 주요 작업에 더 많은 시간을 할애할 수 있게 되었다. 사물인 터넷IoT은 서로 다른 물류사슬에 속한 개별 제품들이 즉시 연결되어 작동할 수 있도록 했고, 3D 프린팅[10]은 개발 단계에서의 시제품 생산을 용이하게 해주었을 뿐 아니라, 빠른 속도를 요구하지 않는 다단계 생산 공정에서 작업 단계를 단축할 수 있게 해주었다.

또 품질관리 시스템이 디지털화되면서 도요타주의의 '안돈andon'[11] 원칙을 모든 제조 공정에 적용할 수 있게 되었고, 혁신에 필요한 새로운 세부 원칙들을 그때그때 적용하고 시험해볼 수 있게 되었다. 또한 제조 공정에 관련된 정보들을 외부의 하청업체, 원청업체, 공급업체, 협력업체 그리고 고객층까지 확대해서 공유할 수 있게 되었다. 이 역시 기업이 대응성과 민첩성을 높이는 데 많은 도움이 되었다.

비즈니스 생태계의 참여자들이 디지털로 연결되면서 제품 개발 단계에 필요한 여러 사업 부문 간의 협업과, 외부 협력업체나 최종 소비자와의 정보 교류도 강화되었다. 긴밀한 협업과 교류는 제품의 성능을 개선하는 데에도 큰 역할을 했다. 기업에서는 생태계 참여자들의 정보 네트워크를 이용할 수 있게 됨에 따라 더 빨리 '베타 버전beta version'을 시장에 내놓고 제품 개발 속도에 박차를 가할 수 있게 되었다. 더 나아가서는 제품의 개발, 마케팅, 유지보수의 단계를 포함하는 제품수명주기PLC에 애자일 방법론을 적용하여 끊임없이 제품을 개선하는 상호작용이 가능해졌다.

---

10 3D 프린팅은 재료를 한 번에 한 층씩 겹겹이 쌓아서 구조물을 제조하는 '적층 제조' 기술이라고도 한다.
11 불량이나 결함 발생 시 생산 현장의 작업자가 경보를 울려 전체 생산 라인을 멈출 권한을 갖는 것으로, 일본어인 '안돈(あんど)'은 각 생산 공정의 정상 작동 여부를 나타내는 게시판의 경보등을 의미한다.

협업 가치 창출을 방해하는 여덟 가지 요인

제4차 산업시대의 초연결 사회에서는 기술 발전과 시장 혁신을 선도함으로써 새로운 부가가치를 창출하는 데에 협업이 매우 중요한 가치가 되었다. 즉 초연결 사회에서는 유형 및 무형의 모든 자원이 하나의 생태계로 연결되어 있으므로 상호 협력하지 않고서는 새로운 가치를 창출하기 어려워진 것이다.

도요타주의에서 소비자 만족과 부가가치 창출을 위해 제거해야 할 낭비를 여덟 가지로 정리했던 것처럼, 협업을 통한 가치를 창출하기 위해서는 여덟 가지 방해 요인을 제거해야 한다. 그 여덟 가지는 그림 2.3에서 보듯이, 과잉소비와 미활용 데이터, 부서 이기주의, 관료주의, 우유부단, 대기시간, 반복적이고 고된 업무 그리고 사용자 불편이다.

첫 번째는 한정된 자원을 낭비하는 과잉소비다. 우리가 무언가를 만들어내는 데 필요한 에너지, 원자재, 도구 등은 모두 한정된 자원이기 때문에 이 자원을 낭비하면 협업에 커다란 장애가 된다. 공장이나 사무실과 같은 공간의 비효율적인 활용 역시 과잉소비에 해당한다. 제3차 산업시대에는 '컴퓨터 소형화'가 주요 과제였던 것처럼, 제4차 산업시대에는 '공장의 대량화'가 핵심이 되었다.

두 번째는 제4차 산업혁명의 엘도라도인 데이터를 활용하지 않는 것이다. 고객이나 내부 사업 진행을 위해 필요한 데이터는 수집, 저장, 분석되어야 한다. 그렇지 않으면 사회, 고객, 직원의 이익을 위해 창출해야 할 가치의 양이 줄어든다. 조직 운영의 효율성과 전체 생산 공정의 품질관리

그림 2.3 협업 가치 창출을 방해하는 여덟 가지 요인

과잉소비

미활용
데이터

부서
이기주의

관료주의

우유부단

대기시간

반복적이며
고된 업무

사용자
불편

출처: Opeo

에도 영향을 끼친다. 구체적으로는 제품 버저닝versioning[12]의 관리, 지속적인 개선 조치에도 부정적인 영향을 미친다.

세 번째는 '부서 이기주의'이다. 조직 내 다른 부서와 소통하지 않는 부서를 원통형 창고에 빗대 '사일로silo'라고 한다. 이 사일로에 갇혀 있으면 정보 순환에 지장을 초래하고, 비생산적인 결정으로 역효과를 낳을 수도 있다. 디지털 세계에서 모든 조직의 부서들은 본래의 업무 영역을 벗어나 활동함으로써 협업 가치를 구축하는 데에 기여해야 한다. 가령 생산 부서

---

12 동일한 제품군의 개별 제품에 대해 사양과 성능 등에 따라 가격을 다르게 책정하는 것을 말한다.

에서는 고객 수요에 민첩하게 대응하기 위해서 자사 제품의 물류 현황이 포함된 매우 짧은 주기의 영업 데이터, 혹은 새로운 소비 트렌드 자료가 필요할 수 있는데, 이러한 데이터 분석은 고객의 수요와 미래의 추세를 예측하는 마케팅팀의 업무와 중첩되어 협력을 이끌어낼 수 있다.

네 번째는 대다수 조직에서 발견되는 부류로, 그들은 어떤 사안이 발생할 때마다 법조문을 읊조리거나 불필요한 규율을 새롭게 만들곤 한다. 사실 이러한 관료주의는 책임과 리스크를 모두 회피하기 위한 태도이다. 관료주의는 쓸모없는 서류 작업이나 소득 없는 토론, 때로는 협업 가치를 직접적으로 파괴하는 갈등을 유발한다. 관료주의를 없애려면 1차적으로 쓸모없는 서류와 도움이 되지 않는 행정 절차를 제거해야 한다. 또 혁신적인 해결책에 뒤따르게 마련인 온갖 제약에 도전해야 한다. 그러기 위해서는 일론 머스크가 강조했듯 "이 일을 진행하기 위해 근본적으로 무엇이 필요하지?"라고 질문해야 한다.

다섯 번째는 결정을 내리지 않거나 한없이 보류하는 우유부단함이다. 모든 것이 빠르게 움직이는 세상에서는 아무런 결정도 내리지 않는 것이 나쁜 결정을 내리는 것보다 더 나쁘다. 빠르게 고칠 수 있는 실수는 용인되지만, 시도조차 하지 않는 것은 최악의 결과를 낳는다. 그러므로 올바른 의사결정자가 현장의 모든 상황을 명확하게 파악할 수 있도록, 모든 정보가 신속하게 전달되는 시스템이 중요하다. 중요한 정보가 누락되거나 결정이 지연되지 않게 하려면 리더들이 현장에서 멀어지지 않는 것도 중요하다.

여섯 번째는 충분히 활용되지 못한 채 대기만 하고 있는 자원들이다.

사람, 기계, 재료, 데이터와 같은 자원의 '대기시간'이 길어질수록 기업의 대응성과 민첩성, 협업 가치가 떨어질 수밖에 없다. 비활성화된 자원의 대기시간을 없애기 위해서는 자원과 작업량의 균형을 맞추면서, 시장 변동성에 대응할 수 있도록 각종 자원의 활성화를 유지해야 한다.

일곱 번째는 반복적이고 고된 업무이다. 제4차 산업시대에 우리는 자동화 프로그램, 로봇공학, 인공지능의 발전으로 반복적이거나 (인체공학적으로) 고되고 힘든 작업 대부분을 기계로 대체할 수 있게 되었다. 그리고 이를 통해 기업들은 높은 투자수익을 달성하고 있다. 새로운 산업혁명이 이룬 기술적 진보를 활용하지 않은 채, 가장 희귀한 자원인 인력을 엉뚱한 작업에 투입해 소모하는 것이야말로 협업 가치를 갉아먹는 선택이다. 핵심은 사람이 할 일과 기계가 할 일을 잘 분류하고 표준화해 각각의 효율성과 가치를 높이는 것이다. 그래야 인재 역량을 복잡한 문제를 해결하고, 팀을 교육하고, 혁신적이고 미래지향적인 해결책을 고안하는 데에 집중시킴으로써 협업 가치를 창출할 수 있다.

여덟 번째는 사용자에게 '편의'가 아닌 '불편'을 제공하는 것이다. 인체공학적 측면에서 편리하게 사용하도록 설계된 애플리케이션, 소프트웨어 등은 사용자와 설계자의 협업 가치를 창출하는 데 매우 중요한 요건이다. 왜냐하면 그러한 조건 속에서만 사용자들이 프로그램과 시스템을 지속적으로 개선하는 데에 기여할 수 있기 때문이다. 사용 경험의 축적을 표현해주는 '사용자 여정 지도customer journey map'[13]가 새로운 제품 및 서비스의 기술 설계에서 올바른 선택을 할 수 있도록 안내해주는 중요한 역할을 한다.

테슬라의 교훈:
공장의 최적화와 대량화

세계 최대 규모의 배터리 생산공장인 기가팩토리Gigafactory 개공식 연설에서 일론 머스크는 물리학의 기본 원칙을 적용하여 최적화한 통합 운영 시스템으로 설계된 공장의 비전에 관해 설명했다. 자칫 과대망상처럼 들릴 수 있었지만, 결과적으로는 그렇지 않았다. 그는 언제나 검소함과 효율성이 최우선이라는 철학을 갖고 있었고, 이는 '거대화gigantism'라는 개념에도 새로운 의미를 부여했다.

기가팩토리는, 적어도 몇 년간은, 자율주행차의 핵심 기술인 전기 배터리를 제조하는 세계 유일의 공장이었다. 일론 머스크의 목표는 차량 150만 대에 공급할 배터리를 생산하는 것이었고, 이러한 야심 찬 목표는 '공장의 대량화'로 개념화되었다. "나는 제조 전문가는 아니지만 지난 3개월 동안 일선 공장에서 지냈습니다. 자동차 공장을 생각할 때면 언제나 물리학의 제1원칙으로 돌아가서 '부피×밀도×공정 속도'라는 방정식을 최적화하려고 합니다."

일론 머스크가 공장의 효율성을 극대화해 자동차 생산량을 다섯 배에서 열 배까지 올릴 수 있다고 생각한 배경에는 두 가지 이유가 있었다. 첫째, 기존의 자동차 조립 공장에서 중요한 공간은 전체의 2~3퍼센트에 불

---

13 고객이 서비스 또는 제품과 어떤 접점을 지니는지, 어떤 매력을 느끼는지, 그 결과 어떻게 제품의 구매와 같은 최종 목표로 이어지는지와 같은 일련의 행동 과정을 가시화한 그래프를 말한다.

과했다. 둘째, 자동차 조립 공정 속도가 높아 보이지만 사실은 초속 0.2미터 정도로 비교적 제한적이었다. 머스크는 기존의 기술과 생산방식에서 개선을 모색하는 것이 아니라, 공정 속도를 좌우하는 기본적인 방정식을 활용해 문제를 새로운 각도에서 바라보고자 했다. 비록 즉각적인 해결책을 찾지 못하더라도, 이런 접근법을 통해 공장에서 일하는 작업자들이 더욱 야심 찬 목표를 갖도록 고무시킬 수 있다는 것이 일론 머스크의 생각이었다.

일론 머스크의 원칙과 아이디어를 처음부터 끝까지 적용한 최초의 공장인 기가팩토리는 인상적인 결과를 보여주었다. 완전히 디지털화된 공장은 컴퓨터 내부와 매우 유사했고, 용량 최적화를 이루고 있었다. 여기에는 1980년대 이후 소형화 경쟁을 벌였던 컴퓨터와 같은 방식으로 제조업의 세계가 진화할 것이라는 일론 머스크의 믿음이 반영되어 있었다. 그 결과 규모가 큰 공장이 아니라, 공정을 압축하고 가속화함으로써 대량화가 가능한 공장이 건설되었다.

테슬라주의에서 초생산성의 제1원칙은 에너지 자원을 효율적으로 이용하기 위해 공간을 최적화하고 대량화하는 것이다. 기가팩토리는 태양광 에너지를 이용할 수 있는 전지판을 완비함으로써 재생에너지 사용도 확대했다. 일론 머스크는 재생에너지 비중을 높이겠다는 목표를 실천해 보임으로써 직원들에게 동기를 부여하고 주주와 고객의 충성도가 유지될 수 있도록 했다.

초생산성의 원칙은 검소한 경제를 토대로 경영 활동의 모든 영역에서 탄소발자국을 줄이겠다는 조직 운영 원칙으로 이어졌다. 그리고 이 운영 원칙은 지능형 프로그램을 탑재함으로써 차량 간의 협업 가치를 높이고, 차량 생산과 운행에 재생에너지를 최대한 사용하며, 스마트 그리드smart grid[14]와 같은 지능형 에너지 네트워크에 모든 차량을 연결하는 방식으로 구체화되었다.

일론 머스크의 조직 운영 원칙에는 협업 가치 창출을 방해하는 요소를 모두 제거하는 시스템을 구축해야 한다고 주장한 이유 역시 잘 드러나 있다. 테슬라의 공장들은 자동화와 관련한 최신 기술의 발전을 보여주는 등대가 되었다. 또 개발팀과 생산팀을 함께 배치함으로써 신속한 의사결정을 촉진했다. 이러한 팀 배치는 각 팀의 구성원들이 가진 다양한 역량을 빠르게 연결해 의사결정 능력을 높였다. 일론 머스크가 전기 작가인 애슐리 반스Ashlee Vance에게 "신속하게 행동하고 위계질서를 파괴하며 관료주의를 제거하는 것이 우선 과제이며, 진보를 저해하는 규칙들에 맞서 싸워야 한다"고 했던 말에서도 그의 생각과 비전을 읽을 수 있다.

테슬라는 차량 부품을 최대한 모듈화하는 데에도 상당한 노력을 기울였다. 궁극적인 목표는 최종 소비자가 플랫폼에 접근해 자신만의 자동차를 직접 '맞춤 주문'할 수 있도록 하는 것이다. 이를 위해 차량 제작을 위한 모든 공정은 자동화된 품질관리 시스템과 더불어 '대량 맞춤 생산'에 적합하도록 설계되었다.

테슬라에서 생산하는 제품은 그 자체로 협업 가치의 이점을 명확히 보

---

14 기존의 전력망에 IT 기술을 접목해 전력 공급자와 소비자가 실시간 정보를 교환할 수 있게 함으로써 에너지 효율을 최적화하는 '지능형 전력망'을 말한다.

제2장 테슬라주의의 7원칙 **67**

여준다. 테슬라에서 생산하는 모든 차량은 제품수명주기에 맞춘 사전예측 정비 시스템을 통해 지속적인 유지보수와 업그레이드 서비스를 받는다. 사용자 편의와 차량의 가치를 더욱 높이기 위한 이러한 시스템은 전세계 자동차 제조기업 중 테슬라가 유일하다.

테슬라주의에 내포된 '파괴적 혁신'의 성격은 공장을 방문했을 때 확실히 이해할 수 있다. 흰색 벽과 빨간색 기계로 구성된 모든 공장이 최고의 자동화를 추구하면서도, 남다른 개방성으로 각기 다른 기능들을 효과적으로 통합한다. 젊은 엔지니어들이 작업자들과 밀접한 관계를 맺으며 소통하는 모습에서도 협업 가치를 방해하는 요인을 제거하려는 테슬라의 노력을 확인할 수 있다. 특히 주목할 점은 파괴적 혁신을 즐기는 일론 머스크가 실용적이면서도 대담하게 문제를 해결하는 방식이다. 그의 리더십에서 뿜어져 나오는 남다른 에너지 덕분에 테슬라는 최소한 팔로 알토에 있는 다른 스타트업과 순수 디지털 기업에 비해 빠른 학습 속도를 습득했다.

최첨단 제조업의 조직 운영 원칙들에 디지털 세계에서 최고의 성과를 낸 원칙들을 결합하려는 일론 머스크의 계획은 결코 쉽지 않은 도전이다. 특히 도요타로부터 사들인 프리몬트 공장의 경우에는 테슬라주의가 실현되기에 그리 적합하지 않을 수 있다. 아마도 초생산성 원칙은 테슬라가 미래를 위해 건설하기 시작한 공장에서 한 단계 더 높은 수준으로 올라갈 수 있을 것이다. 여기에는 기가팩토리도 물론 포함되며, 유럽과 아시아에서 계획 중인 다른 공장들도 포함된다.

일론 머스크는 불과 몇 년 만에 기존의 자동차 기업과 전혀 다른 방식으로 혁명을 일으키는 데 성공했고, 완전히 새로운 글로벌 자동차 기업인 테슬라를 탄생시켰다. 하지만 테슬라의 혁신적인 모델이 새로운 환경에 확실히 적응했는지를 확인하기까지 생각보다 꽤 오랜 시간이 걸릴지도 모른다. 도요타가 자동차 제조업계의 선두자리에 올라선 뒤로도 오랫동안 수많은 위기를 겪으며 도요타주의를 만들어냈던 것처럼 말이다.

킴벌리클라크 사례:
부서 이기주의를 타파하다

제지회사 킴벌리클라크Kimberly-Clark의 프랑스 툴 지역 공장에는 260명의 직원이 근무하고 있다. 크리넥스Kleenex, 스카트Scott, 와이프올Wypall 등의 브랜드 제품에 사용되는 제지의 연간 생산량은 7만 4,000톤이다. 이 공장을 처음 방문하는 사람들은 누구나 전체 공정이 균형 있게 배치되어 빠른 속도로 대량의 종이를 생산하는 설비들을 보며 깊은 인상을 받는다. 전통적인 장치산업과 소비재 생산업체로서의 성격을 모두 가진 이 공장은 2015년 프랑스 주간지 〈뤼진 누벨L'Usine Nouvelle〉이 '올해의 산업 현장'으로 선정했던 곳이기도 하다.

일반적인 개선이 아닌, 혁신적 접근법이 필요하다

마티외 게테Mathieu Gaytté 사업본부장은 대규모 전환 계획이 착수되던 2012년 이 공장에 합류했다. 그의 도전은 사업본부장으로 임명된 지 얼마 지나지 않은 2011년의 어느 날에 시작되었다. 게테는 당시를 이렇게 기억했다. "신임 사업본부장으로서 공장 작업자들의 개선 노력에 대한 보고서를 살펴보다가 깜짝 놀라지 않을 수 없었습니다."

게테는 편안하게 안주하던 작업자들을 향해 "그저 그런 일반적인 개선 으로는 높은 성과를 낼 수 없다"고 선언하며 '초생산성'을 향한 긴 여정을 시작했다. 당장의 목표는 제지 기계의 생산성을 4개월 안에 10~15퍼센트 높이는 것이었다. "우리에게 필요한 것은 매일의 모든 작업을 더욱 민첩 하게 만드는, 진정으로 혁신적인 접근법이었습니다."

협업 가치를 방해하는 사일로 제거하기

최우선 과제는 부서 간 협업을 가로막는 사일로를 제거하는 것이었다. "공장 전체의 작업 흐름을 연결하기 위해 여러 부문을 총괄하는 관리자를 임명했습니다." 물론 그것만으로 쉽게 변화가 일어나지는 않았다. 생산 팀과 가공팀이 서로를 불신하며 공격하는 일이 무려 20년이나 지속했기 때문이다. "문제가 발생하면 언제나 먼저 상대 부서를 탓하는 것부터 시 작했죠."

그는 생산 부문과 유지보수 부문 작업자들이 서로의 업무를 더 잘 이해 하고 협력하게 함으로써 공장 전체의 유지보수 역량을 끌어올렸다. 게테 는 태도와 사고방식의 변화가 사람들을 협력하도록 하는 데에 가장 큰 도 움이 되었다고 말했다. "안전과 품질 관련 몇 가지 이슈는 생각했던 것보 다 좀 더 복잡했습니다. 각 부문에 안전관리 책임자를 배치했던 것이 도 움이 되었고, 품질관리 부문에서는 작업 표준을 엄격하게 적용하되, 이걸 작업자에게 요구만 하는 대신 실질적인 지원을 했습니다."

이러한 변화와 함께 관료주의를 줄이고 의사결정 속도를 높였다. 또 현장의 작업자들과 경영진이 긴밀하게 연결되도록 하는 등 조직 관리 시스템에도 혁신적인 변화를 꾀했다.

사용자 편의 중심의 혁신 접근법

전체적인 혁신 계획에서 가장 만족도가 큰 것은 에너지 소비 개선이었다. "2017년에는 연간 에너지 소비를 6퍼센트 줄임으로써 약 100만 유로를 절감했습니다. 에너지 소비를 줄이는 것은 지난 5년간 우리가 진행한 모든 혁신의 원칙 중 하나입니다." 킴벌리클라크 공장은 혁신 계획을 수립하면서 길잡이가 되는 원칙들을 정하고 지켜왔다. 이는 성과 측면에서뿐 아니라 모든 참여자에게 도움이 되었다. 예를 들면, 안전성과 '사용자 친화성'을 우선 고려한다는 원칙은 작업 공간을 재구성할 때뿐 아니라 혁신 프로젝트를 선택하고 목표를 설정할 때도 가장 핵심적인 원칙으로 작용했다.

"우리는 특정 부문을 혁신하고자 할 때, 해당 부문의 구성원들이 해결하고자 하는 문제가 무엇인지부터 확인합니다." 또 작업 도구를 개선하거나 개발할 때는 그 도구의 최종 사용자가 참여해 제안할 수 있도록 했다. 게테는 이러한 사용자 편의 중심의 접근법이 구성원들의 역량 개발에도 도움이 된다고 설명했다. "자신의 직무 (물리적이든 디지털적이든) 도구를 검토하는 과정에서 역량 개발 교육과 훈련의 필요성을 깨닫게 됩니다. 직무에 필요한 도구를 어떻게 혁신할지 고민하다 보면 누구나 장차 필요한 역량과 현재의 역량에 격차가 있다는 것을 발견하게 되니까요."

데이터 제어와 지능형 자동화

킴벌리클라크 공장은 여전히 미래의 도전 과제에 직면해 있다. 게테는 반복적이고 고된 작업의 수를 줄이기 위한 두 가지 주요 이슈가 바로 '데이터 제어'와 '지능형 자동화'라고 생각한다. 그는 공장에 지능형 장비를 늘려 인적 역량을 효율적으로 활용하고, 모든 사람이 업무를 즐기게 하는 것을 목표로 하고 있다. 데이터 제어는 장치산업에서도 핵심 기술이다. 하지만 킴벌리클라크의 경우에 기존의 기계 시스템에 알고리즘과 인공지능을 추가하는 것은 매우 큰 도전이다. 지능형 장비를 늘려도 제대로 활용하지 못한다면 공장 전체의 역량과 생산성을 혁신할 수 없기 때문이다. 다행히 킴벌리클라크의 구성원들은 계속해서 앞으로 나아가야 하며, 변화에 적응하는 일을 절대로 멈춰서는 안 된다는 점을 이해하고 있다.

제1원칙-초생산: 리더를 위한 10가지 질문

01. 제품 개발과 관련한 의사결정에서 탄소배출량 및 사회적 책임 정책을 고려하였는가?

02. 폐기물을 줄이고 재생에너지 사용을 늘림으로써 에너지 자급자족을 가능하게 하는 지표와 지속적인 개선 방법이 있는가?

03. 고객 데이터를 수집하고 저장하며 충분히 활용하고 있는가? 제조 공정에 관한 데이터는 어떻게 관리하는가?

04. 기업의 모든 곳에서 신속한 의사결정이 이루어지는가?

05. 조직 내에 부서 이기주의가 있는가? 외부의 협력업체와 거래할 때 정보를 공유하는가?

06. 반복적이고 고된 업무를 자동화하는 체계적인 접근 방법을 시도하는가?

07. 관료주의를 최소화하고, 서류 작업을 없애며, 모든 사람이 자신의 행동에 책임지는 선택을 하도록 장려하는가?

08. 시스템 내에 충분히 활용하지 못하는 자원이 있는가? 현장에 방문할 때 문제 해결이 필요한 직원이나 기계 혹은 결정 사항이 있는지 확인하였는가?

09. 직원이나 고객에게 제공되는 제품과 해결 방안이 사용자 친화적인지 확인하고 있는가? 제품이나 도구의 개발 및 개선과 관련된 결정에서 사용자 편의를 중요한 원칙으로 고려하는가?

10. 생산 시스템이 대량 맞춤 생산과 시장 변동성에 충분히 대응할 만큼 민첩하게 작동하는가? 생산 시간을 더 단축할 수 있는가? 작업자들이 단일 배치 크기 원칙을 잘 이해하고 있는가?

제2원칙

교차 통합

가치사슬과 생태계의 통합

Summary

◆ 교차 통합은 가치사슬의 모든 직능을 통합하고 연결함으로써 시장 대응성과 환경 존중이라는 두 가지 요구를 충족한다.

◆ 교차 통합은 전략적 수직 통합, 조직적 수평 통합, 기술적 횡단 통합, 사회적 주변 통합의 네 단계로 이루어진다.

◆ 테슬라는 고객에게 더 높은 부가가치를 제공하기 위해 모든 기술 요소를 통합함으로써 다른 자동차 제조사들과는 달리 부품 대부분을 내부에서 생산하고 공급할 수 있게 되었다.

공유경제와 녹색경제의 두 마리 토끼를 잡다

제조업의 생산성 혁신에서 가장 중요한 것은 최일선 현장의 실행 속도를 높이는 새로운 시스템을 구축하는 것이다. 디지털 솔루션이 등장하며 물리적 거리라는 개념이 사라진 조직을 운영하기 위해서는 여기에 부합하는 새로운 모델이 필요하다. 모든 변화는 더욱 빠른 속도로 일어나고, 정보는 대부분 실시간으로 전 세계에 퍼져나간다. 신속한 배송과 실시간 서비스에 대한 고객의 요구도 점점 더 커지고 있다.

제4차 산업시대의 이러한 추세에 대응하기 위해 제조업계에서는 디지털 솔루션을 이용한 강력한 통합 작업에 착수했다. PwC가 제조업계 경영자 2,000명을 대상으로 실시한 설문조사 결과를 보더라도, 가치사슬에서의 상·하향 수직통합과, 기업 내 사업부 간 수평통합 모두 확대되었다.

새로운 산업시대의 소비자들은 세계화가 아닌 '지역주의localism'로의 복귀를 요구하고 있다. 그들은 환경친화적이며 국가 경제에 도움이 되는 공장에서 저탄소 생산으로 만든 제품을 선호한다. 혁신적인 서비스로 생활을 편리하게 해줄 뿐 아니라 '에너지 저소비' 원칙에도 부합하는 공유경제

또한 계속 성장하고 있다.

테슬라주의의 두 번째 원동력인 교차 통합cross-integration은 공유경제와 녹색경제라는 두 마리 토끼를 모두 잡을 수 있도록 해준다. 교차 통합은 기업의 모든 직능이 최종 소비자에 이르는 모든 경로, 공급사슬 내의 모든 사업 부문과 직능 분야, 다양한 프로젝트들에 참여하는 여러 그룹 그리고 기업 생태계를 구성하는 모든 참여자에게까지 확대되는 것을 의미한다. 또 이러한 교차 통합은 시장 대응성과 부가가치 창출을 극대화하기 위해 모든 참여자와 구성 요소들을 최대한 연결하고 데이터 공유를 장려하면서 이루어진다.

거대 기업의 노후화된 성장 전략

제2차 산업혁명은 자동차에 들어가는 모든 부품을 생산하는 포드 공장과 같이, 거대하면서 고도로 통합된 조직을 위한 것이었다. 제3차 산업혁명은 정반대로 진행되었다. 국경을 개방하고 시장을 자유화하여 운송비를 낮춤으로써 개발도상국에 시장경제가 도입되었고, 기업의 일부 직능이 저비용 국가로 분산되고 특성화되는 조직 모델이 인기를 얻었다. 거대 기업들은 특정 가치사슬 부문에서 지배적인 우위를 점할 때까지 핵심 사업에 주력하는 성장 전략을 꾀했고, 부품 조달비용을 절감하기 위해 부품 공급업체 후보를 대폭 늘려왔다. 그 결과 자동차 분야에서는 델파이Delphi, 발레오Valéo, 포레시아Faurecia와 같은 거대 부품 공급업체가 등장했다.

제3차 산업시대의 가치사슬은 개발, 생산, 운송, 물류, 판매, 마케팅 등 각 직능 분야에서 지배적인 우위를 점하는 강력한 리더들을 중심으로 조직되었다. 그러나 제품의 개발에서 출시까지의 주기를 가리키는 '시장 대응 시간time-to-market'을 단축해야 하는 압박이 커지면서 이러한 가치사슬 모델은 변화를 필요로 했다. 도요타주의는 복수의 공정 단계를 단일한 운영체제로 통합하는 '능률화streamlining' 전략으로 시장 대응 시간을 단축했다. 직능별이 아닌 개별 제품 또는 제품군을 중심으로 생산 공정과 운영 체제를 구성함으로써 가치사슬을 구성하는 각 기업의 대응성이 대폭 강화되었다. 비즈니스 분야에 따라 차이는 있었지만, 시장 대응 시간이 1개월에서 일주일로 혹은 일주일에서 하루로 줄어들었다. 어떤 기업은 국경을 초월해 공급사슬을 재조정함으로써 시장 대응 시간을 단축했다.

하지만 가치사슬의 각 고리가 만나는 지점에서는 여전히 마찰이 발생했고, 이는 결국 최종 소비자에게 손실로 돌아갔다. 게다가 핵심 사업에 집중하는 전략은 공급사슬을 더 잘게 쪼개지도록 했고, 개발에서 생산까지 심지어는 4~5곳의 공급업체를 거쳐야 하는 상황을 낳았다. 그 결과 제조업계의 조직은 고도로 복잡한 입출력 흐름을 관리해야 하는 난제와 더불어 거대한 공룡으로 변해갔다. 그리고 마침내 거대 기업들은 제품 개발 단계까지 거슬러 올라가는 능률화 전략을 구현하기 어렵다는 점을 깨달았다. 서로 다른 직능을 수행하는 부서 간에 사일로가 만들어져 실행 속도를 늦추고 협업 가치 창출을 방해하는 경향 때문이었다.

또 제3차 산업시대의 제조업계 리더들은 최고의 인재를 영입하기 위해 끊임없이 노력했다. 그들은 최고의 인적자원을 획득하는 것만으로 해당 분야에서 선두주자가 될 수 있다고 여겼고, 협력업체나 생태계에 개방적인 기업은 일반적인 규칙에서 벗어난 예외라고 간주했다. 실제로 오늘날 대기업 대부분은 조직 내에 막대한 규모의 전문가 그룹을 두는 자급자족 경향을 보이고 있다.

교차 통합의 4단계 전략

2000년대 초반에 처음 등장한 디지털 세계는 제3차 산업혁명의 연장선에 있는 것처럼 보였다. 벤처캐피털은 물리적인 자본을 투자하지 않아도 빠르게 큰 수익을 낼 수 있다는 희망으로 순수 디지털 기업에 주목했다. 효율이 떨어지는 제조 부문은 개발도상국으로 눈을 돌렸다. 그 좋은 예가 미국에서 디자인하고 세계 여러 지역에서 조달한 부품들을 모아 80퍼센트를 중국에서 조립하는 아이폰이다.

그러나 2008년 금융위기 이후 경제의 주요 원칙들이 변화했고, 소비자들도 이전과는 전혀 다른 것을 요구했다. 저렴한 대량생산 제품에 대한 수요는 줄어들었고, 윤리적 가치와 환경적 가치를 존중하며 생산된 제품에 대한 수요는 늘어났다. 또 아마존Amazon의 '원클릭 주문1-click delivery'으로 대표되는 '대응성'과 '고객 서비스' 같은 개념이 점점 더 중요해지고 있다. 실제로 1980년대 후반에 많은 대기업이 적시생산 원칙을 채택하면서 제조 공정에서 배치 크기가 크게 줄어들었고, 오늘날에는 고객의 세분화된 요구를 충족시키기 위한 '맞춤 생산'이 일반화되었다.

그림 2.4   교차 통합의 4단계

1단계	2단계	3단계	4단계
'전략적' 수직 통합	'조직적' 수평 통합	'기술적' 횡단 통합	'사회적' 주변 통합

출처: Opeo

교차 통합은 바로 윤리적 가치, 저탄소 제품, 맞춤 제작, 빠르고 편리한 서비스 등과 같은 고객 요구에 효과적으로 대응하기 위한 전략이라고 할 수 있다. 일론 머스크는 그 누구보다 빠르게 이해하고 받아들여 조직 운영 모델에 성공적으로 접목했다. 교차 통합은 그림 2.4에서 보듯이, 전략적 수직 통합, 조직적 수평 통합, 기술적 횡단 통합 그리고 사회적 주변 통합의 네 단계로 이루어진다.

1단계: 전략적 수직 통합

전략적 수직 통합은 가치사슬 전체와 관련되며, 시장 대응성을 높인다. 새로운 기술과 플랫폼 덕분에 최종 소비자에게 접근하기가 쉬워지면서 기업 내부 공급사슬 혹은 외부 협력업체와의 통합 범위가 확대되고, 기존의 가치사슬에 커다란 변화가 찾아왔다.

수직 통합은 세 단계로 나뉘어 진행되었다. 첫 번째 단계는 최종 소비자와 공급자의 '디지털' 통합이다. 이는 전자데이터교환EDI과 같은 도구를 통해 판매 부문에서의 최종 소비자 수요 데이터와 개발 및 생산 부문의

IT 시스템이 유동적으로 연결되면서 가능해졌다.

두 번째 단계는 최종 소비자에게 접근하기 위한 것으로 유통, 판매, 사용 등 가치사슬의 다운스트림downstream에 해당하는 직능들의 수직적 통합이다. 예를 들어, 자본설비 공급업체들이 최종 소비자에게 설비의 '유지보수'나 '최적화 설정' 등 포괄적인 서비스까지 제공하고 있다.

세 번째 단계는 기업 인수 정책과 관련된 것이다. 3D 프린팅 같은 혁신적인 기술을 가진 기업이나 다른 업스트림 기업들이 인수를 통해 가치사슬에 직접적으로 통합된다. 이는 (서구 국가들에서는 사라져가는) 특정 업종이 다시 국내 지역의 가치사슬로 재이전되거나 재통합되는 방식으로도 이루어진다. 일례로, 고가의 사치품 제조 공정에서 광택을 내는 연마 작업은 인건비가 낮은 다른 지역으로 이전된 경우가 많았는데, 연마 공정이 상당히 자동화된 덕분에 향후 몇 년 이내에 가치사슬 재통합이 예상된다.

2단계: 조직적 수평 통합

조직적 수평 통합은 기업의 부문별 직능과 관련이 있다. 제조기업의 모든 직능을 최적화함으로써 고객 요구에 민첩하게 대응하기 위한 노력이, 개발·생산·설비·공급·유지보수·영업 등 모든 직능 분야 간의 경계가 점점 모호해지는 결과로 이어지고 있다.

디지털 기술은 기업 내부의 각 사업 부문이 서로 영향을 주고받을 수 있는 개방적 구조일 때 더 많은 기회를 창출한다. 수평적으로 통합된 개방적인 구조에서 데이터가 유동적으로 순환함으로써 부가가치를 창출하고 신속한 의사결정을 할 수 있다.

데이터를 통한 수평 통합은 특히 두 가지 방향에서 많이 이루어진다. 첫째는 서로 다른 직능을 수행하는 사업 부문들이 상대 사업 부문의 데이터를 수집해 자신들의 업무에 활용하는 경우이다. 소매점을 포함한 자체 유통 네트워크를 가진 소비재 제조업체가 늘어나고 있으며, 그들은 생산 부문에서 유통 및 판매 부문의 데이터를 수집하는 것을 허락하고 있다. 이는 소비자들이 문의하고 확인하고 구매하는 제품에 관한 실시간 정보를 통해 생산 공정 설계와 재고관리를 최적화할 수 있기 때문이다.

둘째는 공급사슬을 관리하는 부문에서 지역별 생산업체 및 서비스 부문의 데이터를 수집하는 경우이다. 이는 최종 소비자에게 가능한 한 정확한 배달 시간 및 관련 정보들 그리고 유지보수에 관한 기술적 정보들을 제공하기 위함이다.

데이터를 통한 수평적 통합은 생산 부문 못지않게 신제품 개발 부문의 업무에도 큰 영향을 미쳤다. '시험 후 학습'이라는 원칙을 바탕으로 디지털 기술을 신제품 마케팅에 매우 빠르게 적용하는 애자일 방법론은 높은 수준의 디지털 통합 덕분에 제조업계에서 쉽게 자리를 잡을 수 있었다. 3D 프린팅을 이용하여 시제품을 제작할 때도 마찬가지다. 개발 아이디어를 3D 설계로 구현하는 단계에서부터 최종 소비자와 연결되어 의견을 들을 수 있고, 이는 거의 즉각적으로 운영 절차와 제작 범위 등이 포함된 3D 프린팅의 프로그램에 반영된다.

3단계: 기술적 횡단 통합
디지털 기술을 기반으로 제조업의 직능 분야에서 수직적 통합과 수평적 통합이 교차해서 일어나는 것이 기술적 횡단 통합이다. 이러한 통합에는 서로 다른 영역에서 온 사람들이 각자 익숙하지 않은 방식으로 함께하는 일이 발생하는데, 이때 필요한 것이 다양한 직능을 아우르는 조정자의 역할이다. 가령 제4차 산업시대에는 새로운 공장을 건설하거나 생산 시스템을 혁신하고자 할 때 IT 산업 분야의 전문가들이 참여하게 마련인데, 이때 각기 다른 직능과 산업 배경을 가진 사람들이 협력해서 일하도록 하려면 제조업과 IT 산업 모두를 이해하는 사람이 일종의 건축설계사와 같은 역할을 해야 한다. 알다시피, 건축설계사는 설계 전문가이면서 건축 현장에 대해서도 제대로 이해하고 있다.

4단계: 사회적 주변 통합

마지막으로 사회적 주변 통합은 공장과 주변 지역이 사회와 환경 차원에서 조화롭게 공존하는 것을 목표로 한다. 나아가 자원을 절약하고 재활용해 지속가능한 발전을 추구하는 순환경제를 강화하며, 탄소발자국과 에너지 소비를 줄인다. 기업 지사 간의 지역 협업뿐 아니라 주민, 학교, 정부 관계자 등 지역 생태계 참여자들 간의 협력도 촉진한다.

사회적 주변 통합의 가장 중요한 효과는 이른바 '주변부'라 불리는 지역들의 취업률을 높이고 경제 발전을 이끈다는 점이다. 주변부 지역들은 대부분 무역 세계화가 가속화하면서 지난 30년 동안 극적인 쇠퇴를 경험한 곳들이다. 에너지 사업 분야에서 일어난 사회적 주변 통합의 사례를 보면, 프랑스의 여러 공장은 2030년까지 에너지 자급자족을 목표로 지역 내 에너지 사업자들과 전력 공급 및 전력망 개설에 대한 협정을 체결했다.

지역 에너지 사업자들은 태양광을 비롯한 재생에너지로 전기를 생산하는데, 이로써 지역 내 일자리를 만들고 순환경제를 활성화한다.

테슬라의 교훈:
가치사슬 전체를 아우르는 내부 통제력

일론 머스크가 창립한 스페이스 XSpace X는 미국 내 로켓의 80퍼센트를 생산한다. 보잉Boeing과 록히드마틴Lockheed Martin이 합작 투자해 만든 기업인 유나이티드 론치 얼라이언스United Launch Alliance가 주요 경쟁자인데, 이들은 높은 시장점유율에도 불구하고 1,200개의 협력업체가 전 세계에 흩어져 있어 조직 운영의 속도와 효율성이 떨어지고 있다.

대시보드는 물론 시트까지 외주가 아니라 내부에서 자체 생산하는 자동차 제조사는 테슬라가 유일하다. 이는 처음부터 민첩한 대응성을 가장 중요하게 생각한 일론 머스크의 전략적 선택이다. 여기에는 또 다른 이유도 있는데, 테슬라가 지나치게 혁신적인 모델을 추구하기 때문에 전통적인 자동차 공급업체들이 회의적인 태도를 보이며 지지해주지 않을 것이라 생각한 때문이었다.

결과적으로 일론 머스크의 전략적 선택은 생산 시간 측면에서 경쟁우위를 확보할 수 있게 해주었다. 또 가치사슬의 일부분에 문제가 발생했을 때 전체 사슬에 미치는 리스크를 줄여주었다. 이에 대해 스페이스X의 수석엔지니어인 토마스 뮬러Thomas Mueller는 이렇게 설명했다. "우리는 모든 상황을 통제할 수 있었고, 시험장도 따로 있었고, 작업 시간도 반으로 줄였습니다."

일론 머스크는 자동화 전문 기업인 그로만Grohmann을 인수해 테슬라의 차량 생산 과정 전반이 내부에서 통제될 수 있도록 했다. 에너지 공급업체인 솔라시티Solar City와 여러 배터리 공장에도 투자했는데, 이러한 전략적 수직 통합은 테슬라가 자신만의 고유 영역을 뛰어넘어 확장될 수 있도록 했다. 그리고 테슬라의 이런 전략을 뒷받침하는 기본적인 사고는 '고객을 위한 부가가치를 창출'하기 위해서라면 무엇이든 해야 한다는 것이었다.

테슬라의 목표는 차량 이용자들이 스마트 그리드를 통해 더욱 확대된 에너지 네트워크에 들어와 연결되도록 하는 것이다. 여기에 일론 머스크는 사람들이 테슬라의 자율주행 차량을 더욱 쉽게 '공유'할 수 있도록 '개인 간의 렌트 서비스'도 추가했다. 이에 따라 주요 자동차 제조 라인과 함께 수많은 '서비스 라인'이 설치되었고, 이를 효과적으로 제어하고 능률화할 수 있는 시스템과 플랫폼이 구축되었다.

매우 인상적인 조직적 통합의 사례도 있다. 스페이스X와 테슬라의 각 팀은 함께 배치되어 직능에 따른 구획을 짓지 않고 개방된 공간에서 함께 일한다. 애슐리 반스는 이 공간을 방문했을 때 '괴짜'와 '블루칼라'가 함께 일하는 모습을 보며 놀라움을 느꼈다고 말했다. 이러한 수평적 통합 방식이 가장 빛을 발하는 순간은 여러 이슈가 엉킨 복잡한 문제를 해결하기 위해 팀원들이 럭비 선수들처럼 '스크럼'을 짤 때이다. 생산 현장에서도 모든 사무실은 개방형 구조로 되어 있으며, 생산 라인 부문과 운영 지원 부문이 한데 섞여 한눈에 구분하기가 불가능할 정도이다.

심지어 테슬라는 물류 기능까지도 내부에 통합하려는 계획을 세우고 있다. 일부 전문가들은 '전기 트럭' 프로젝트의 주요 목표가 바로 물류의 수평적 통합을 위한 것이라고 분석하기도 했다. 테슬라의 전기 트럭은 첫 번째 차량에 운전자가 탑승하고 나머지 차들은 자율주행하면서 따라가는 형태로, 에너지와 인적 자원을 덜 소비하도록 설계되었다. 이러한 트럭은 기가팩토리에서 배터리를 운반할 때처럼 현장 간의 물류에 매우 유용할 것이다. 또 이 프로젝트는 시장 대응성을 강화하고 에너지를 절감하기 위해서는 가치사슬 전체에 걸쳐 내부 통제력을 더욱 강화해야 한다는 점을 다시금 일깨워주게 될 것이다.

일론 머스크는 기술적 횡단 통합의 중요성을 강조하면서 "코딩 작업을 하는 사람은 반드시 기계학에도 정통해야 한다"고 주장했다. 그는 디지털 기술만으로는 연결성과 대응성이 중요한 글로벌 시스템 전환을 실현하기에 충분하지 않음을, 그렇기에 새로운 산업시대의 제조업에서는 원자와 비트의 결합이 가장 핵심적인 성공 요인이 될 것이라는 점을 분명히 이해하고 있었다.

테슬라의 팀이 애플과 구글 출신의 인재들을 포함해 팔로 알토 최고의 데이터 과학자들로 구성된 것도 그런 이유에서다. 테슬라의 공장은 광범위한 산업화와 동시에 디지털화가 이루어졌다. 생산 현장을 돌아다니는 직원들 대부분은 태블릿을 가지고 다니며, 개방된 공간에는 IT 관련 설비들로 가득하다. 테슬라의 산업화팀은 약간 느슨한 조직이 가지는 불리한 조건에도 불구하고, 서로 다른 직능과 전문가들을 독특한 방식으로 연결함으로써 개발을 가속화하고 있다.

사회적 주변 통합과 관련해 일론 머스크는 실리콘밸리의 다른 경쟁자들을 많이 앞서고 있는 것으로 보인다. 그들 대부분이 여전히 미국에서 혁신적인 솔루션을 개발하고 있지만, 생산은 다른 지역에서 진행하고 있기 때문이다. 일론 머스크는 미국이 텔레비전을 비롯한 소형 가전제품의 생산을 중단했기 때문에, 스마트폰 제조에 필수적이며 21세기 경제 전반에서 매우 핵심적인 역량인 평면 스크린과 배터리 제조 능력을 상실했다고 공개적으로 주장했다. 그러면서 자부심과 공동체 의식을 강조하는 것도 잊지 않았다.

이러한 주장에서 우리는 누미NUMMI의 공장을 테슬라에서 인수한 의도를 잘 이해할 수 있다. 1980년대 초반에 도요타가 제너럴모터스로부터 사들였고 미국에 린 생산방식을 소개하기도 했던 공장이다. 이를 인수함으로써 테슬라는 오랫동안 해외 하도급 공장에서 대량으로 생산되었던 기본적인 전자부품을 포함해, 자동차 산업의 전체 가치사슬을 미국 현지로 옮겨와 수천 명의 직원을 배치할 수 있었다.

소우유소콤 사례:
선도적인 디지털 솔루션

소우유소콤SEW-Usocome은 엔진 모터와 변속장치의 설계 및 제조 분야에서 큰 성공을 거둔 회사다. 지금은 기계 자동화 및 물류 솔루션을 전문으로 취급하는 공급업체로 변신했다. 성공한 기업가인 장클로드 레베르델Jean-Claude Reverdell은 2015년부터 프랑스의 자회사를 맡아 CEO로 일하고 있다.

2010년 소우그룹의 경영진은 주생산기지였던 프랑스 아그노의 공장 규모가 너무 작아 매출 증가를 기대하기 어렵겠다고 판단하고 브뤼마트에 새로운 생산기지를 건설하기로 결정했다. 그리고 이 신규 프로젝트를 '인더스트리 4.0'의 모범적인 사례로 만들고자 했다. 여기에는 제조업에 선도적인 디지털 솔루션을 도입함으로써 비즈니스 생태계 전체에 걸쳐 경쟁력과 인지도를 동시에 제고할 수 있으리라는 계산도 포함되었다.

세계 최고 수준의 자동화 물류 공장을 건설하는 과정에서 새로운 직능 분야의 전문적이고 특화된 일자리도 많이 생겨났다. 야닉 블럼Yannick Blum도 그러한 기회를 얻은 기술자 중 한 명으로, 무인운송로봇 시범 운영 과정을 주도했다. 야닉 블럼과 장클로드 레베르델의 공통점은 다음과 같은 통찰력이 있었다는 점이다.

민첩한 기업 구조를 만들어주는 수직 통합

수직 통합은 오랫동안 소우유소콤의 중요한 전략적 목표였다. 소우유소콤은 엔진, 모터, 기어박스에 필요한 절삭, 가공, 권선 및 주물 제련 등의 전문 작업을 수행하며, 프랑스에서 대부분의 부품을 자체 제작하고 공급했다. 이에 대해 레베르델은 다음과 같이 밝혔다. "우리는 고도의 수직적 통합을 지향하기 때문에 일부 표준 부품이나 작업에 한해 하도급으로 진행합니다." 그는 내부적으로 필요한 모든 역량을 갖추고 있어서 고도의 산업화 제품을 더욱 빠르게 생산할 수 있는 기업 구조를 소우유소콤의 가장 큰 장점으로 꼽았다. "우리는 장차 고객들이 우리 제품에 무엇을 기대하게 될지 끊임없이 고민합니다. 오늘날 고객들은 더 이상 제품만 구매하는 것이 아니라 솔루션과 서비스까지 요구하고 있습니다. 수직적 통합을 하지 않았다면, 지금처럼 민첩하게 시장 동향을 예측하고 대응할 수 없었을 겁니다."

자동화 물류 시스템을 통한 수평 통합

브뤼마트의 새로운 공장에서는 이미 내부의 자동화된 물류 작업이 상당히 이루어졌고, 이로써 수평 통합 역시 강화되었다. 회사의 내부 작업자들뿐 아니라 외부의 공급업체들도 극도로 간소화된 물리적 이동, 이동 속도를 가속화하는 소형 컨테이너, 배치 크기 축소와 작업 순서의 최적화 등을 통해 그 효과를 체감했다.

레베르델은 내부 조직의 수평 통합과 더불어 공급업체와의 물류 거리를 단축시킨 덕분에 운영 효율성이 높아졌다고 말했다. 자동화된 주문관리시스템 역시 제품 조립에 필요한 부품 준비를 시작으로, 매우 효율적으로 빈틈없이 조율된 생산 공정으로 이어진다. 공급사슬 전체에서 수집되는 모든 정보는 소우유소콤의 독자적인 솔루션에 따라 데이터베이스에서 처리되고 분석되어 자동화 물류 시스템에서 이용된다. 유도장치를 통해 동력을 얻어 24시간 쉬지 않고 활동할 수 있도록 설계된 37대의 소우유소콤 자율주행 차량은 하루에 400킬로미터 이상을 주행한다.

IT 시스템에 의한 기능적 횡단 통합

레베르델은 전통적인 물류 시스템이 고도로 자동화된 인더스트리 4.0 시스템으로 이동하기 위해서는 조직 운영체제와 IT 시스템의 통합 수준이 매우 중요하다고 강조했다. "새로운 산업시대에는 IT가 결합되지 않은 제조업은 생각할 수 없습니다."

브뤼마트 공장은 하루에 4,500개 제품을 생산하고 있으며, 모든 제품은 고객 주문에 따라 다양한 사양으로 '맞춤' 생산된다. 가령 20~25개의 부품으로 구성되는 기어박스는 총 5만 개의 사양 목록에 따라 맞춤 생산된다. 즉 하나의 품종에 수만 개의 변종이 존재하며, 이 모든 변형은 고객의 특정 요구에 맞춰 이뤄진다. 단일 사양의 제품 조립에 맞춰져 있던 생산 시스템이 이만한 수준의 유연성과 대응성을 갖추기 위해서는 주문관리에서 시작해 생산과 물류 전체를 관통하는 IT 시스템이 반드시 필요했다. 이러한 IT 시스템 덕분에 브뤼마트 공장의 디지털 정보 흐름과 물리적 제조 공정은 주문이 기록되는 시점부터 최종 제품 배송까지 모든 단계에서 완벽하게 동기화된다.

미래 가치를 창출하는 인적자원에 대한 투자

인더스트리 4.0의 세계에서 모든 것이 자동화되더라도 인적자원은 여전히 중요하다. 이에 대해 레베르델은 "디지털화가 제품 제조를 의미하지는 않습니다. 디지털은 제품을 제조하지 않아요"라고 말한다. 자동화는 반복적이고 고된 작업을 줄여주고 사람의 작업방식을 개선하는 데에 초점이 맞춰진다. 결국 아무리 고도로 자동화된 공장이라 하더라도 성공의 열쇠를 쥐고 있는 건 기계나 IT 시스템이 아니라 사람이다.

레베르델은 자동화 시스템의 가장 중요한 사용자는 직원들이며, 따라서 생산 공정이 어떻게 혁신되어야 하는지 가장 명확한 관점을 제공할 수 있는 것도 그들이라고 강조했다. "우선 직원들과 진실하게 대화하는 것이 먼저입니다. 그리고 훈련이 그 뒤를 이어야겠지요. 우리 회사에서는 직원들을 교육할 때 자동화 공정과 관련해 훨씬 더 많은 시간을 투자합니다." 직원들 각자에게 책임감을 심어주고 신뢰를 보여주는 일 또한 중요하다. "직원들은 디지털화된 실제 현장에서 일하며 미래의 공정을 설계하는 데에 구체적으로 관여합니다."

레베르델은 회사를 방문하는 사람들에게 자신이 매우 자랑스러워하는 구내식당, 체력단련실, 휴식 공간과 같은 '비생산' 구역을 가장 먼저 소개한다. "우리는 직원들을 위해 여러 가지 여가 활동을 기획하고 그것들을 즐겁게 누리도록 기회를 제공합니다. 이런 노력은 직원들에게 동기를 부여하고 직장에서 더 나은 삶을 살도록 해줍니다." 직원 복지를 강화하고, 모든 활동이 기업 생태계 안에서 자연스럽게 순환되도록 하는 것은 소우유소콤의 대표적인 강점이다.

기술적 통합이 불러온 일자리의 변화

레베르델이 새로운 생산기지를 건설하면서 가장 크게 만족했던 점은 많은 직원이 새로운 직능 분야에서 전문가로 일할 기회를 얻게 된 것이다. 2005년 아그노 공장에 들어왔고 브뤼마트 공장 설계 프로젝트에 참여했던 야닉 블럼이 그 예다. "2014년에서 2017년까지 100명 이상의 사람들이 참여한 프로젝트였습니다. 모두에게 흔치 않은 기회였습니다."

야닉 블럼은 무인운송로봇을 시범 운영하는 새로운 업무와 관련된 불확실성과 기쁨에 대해서도 말해주었다. "처음에는 두 명이면 될 거라 생각했지만, 금세 그 인원으로는 부족하다는 사실을 깨달았습니다. 지금은 다섯 명이 일하고 있는데, 저는 코디네이터 역할을 하고, 다른 네 명은 두 명씩 팀을 이루어 정비 작업과 기계 작동을 맡고 있습니다."

포클레인으로 하던 물류 작업이 첨단기술 덕분에 새로운 전문성을 요구하는 작업으로 전환되었고, 이는 매우 성공적인 기술적 횡단 통합의 사례라 할 만하다. 야닉 블럼 역시 인더스트리 4.0 프로젝트의 핵심은 기술적 통합에 있다고 강조했다. "앞으로 생산 공정 작업자의 주요 도구는 공구 상자나 작업 노트가 아니라 PC가 될 겁니다." 그들은 장차 고객과 더욱 긴밀하게 연결되어 새로운 제품을 개발하고 혁신적인 서비스를 제공하는 일까지 하게 될 것이다.

제2원칙-교차 통합: 리더를 위한 10가지 질문

01. 제품을 고객과 연결하고 데이터를 얻는 방식이 혁신적인 서비스 제공과 시장의 파괴적 혁신으로 이어지는가?

02. 가치사슬의 다운스트림에서 내부 직능으로 가져와 통합할 경우 시장 대응성을 더욱 높일 수 있는 부분이 있는가?

03. 새로운 디지털 기술을 통해 물류를 비롯한 가치사슬 일부를 통합함으로써 맞춤 생산 역량 및 시장 대응성을 높이려는 노력을 기울였는가?

04. 제품 개발, 생산, 공급, 마케팅, 판매, 서비스 등 가치사슬의 다양한 직능 간 협업을 도출하기 위해 데이터 공유와 디지털화를 충분히 진행하였는가?

05. 데이터 공유를 통해 협업 가치를 창출하도록 투명성, 개방성, 상호 협력에 근거한 사고방식을 독려해왔는가?

06. 새로운 제품을 공동 개발하거나 운영체제를 디지털화하기 위해 비즈니스 생태계의 다른 스타트업과 협업해본 적이 있는가?

07. IT 시스템과 운영체제가 회사의 혁신 프로그램에 충분히 결합되고 통합되었는가?

08. 인사관리팀과 능동적으로 협력하여 융합형 인재를 채용하거나 IT 기술자와 운영자가 융합될 수 있는 팀을 구성하였는가?

09. 지속가능한 경쟁력 확보를 위해 지역 내 클러스터에 참여하면서 다양한 이니셔티브에 연결되어 있는가?

10. 탄소발자국을 줄이고 순환경제의 속도를 높이기 위해 다른 기업, 지역, 정부 관계자와 협력하고 있는가?

제**3**원칙

소프트웨어 융합

비트와 원자의 파괴적 결합

Summary

◆ 소프트웨어 융합은 물리적 하드웨어 변환의 세계를 디지털 세계와 융합하기 위해 모든 수준에서 소프트웨어를 도입하는 제조업 분야의 IT 진화를 말한다.

◆ 소프트웨어 융합은 '개발-산업화-생산-고객 서비스' 주기를 단축하는 설계, 생산, 고객관리를 포함한다.

◆ 테슬라의 소프트웨어 융합은 자동차가 모빌리티 기능을 가진 컴퓨터로 설계될 수 있음을 보여준다.

제3차 산업시대의 자동화와 로봇화

소프트웨어 융합이 제4차 산업시대 경제와 산업 전반에 미치는 영향과 기회를 더 자세히 알아보기 전에 제3차 산업시대를 지탱하는 기둥 중 하나였던 산업용 소프트웨어의 탄생에 대해 다시 한번 짚어보자.

제3차 산업시대가 시작되고 세계화가 무르익을 무렵 제조업 분야에 첨단기술이 등장해 자동화를 이루는 첫 번째 신호가 나타났다. 그것은 반복적이고 고된 작업을 대신할 수 있는 산업용 로봇의 등장이었다. 이 로봇이 가장 먼저 개척한 분야는 자동차 제조업이었다. 로봇은 판금, 도장, 특정 조립 작업 등을 수행하면서 자동차 제조업의 현대화를 주도했다. 그런데 제3차 산업시대의 로봇들이 활동 영역을 넓히는 데는 몇 가지 제약이 있었다. 로봇들은 물리적 장벽으로 가로막힌 공간에 격리된 채 일했고, 수많은 센서를 다뤄야 해서 활용이 까다로운 데다, 엄청 비쌌기 때문이다.

제조업 분야의 자동화가 이루어지던 초창기에 그 잠재력을 가장 먼저 활용한 것은 대규모 생산설비가 중심이 되는 장치산업이었다. 그런데 이때의 자동화는 생산 공정의 특정 단계에서만 이루어지고, 그 밖의 다른 직능 분야와는 잘 연결되지 않았다. 인간과 기계 간의 인터페이스는 전문가 수준으로 설계되어서, 실제로 시스템을 사용하는 사람들에게 진입장벽이 되기도 했다.

전사적자원관리 시스템의 경우에는 내부 조직 운영에만 관여하는 것이 아니라 데이터를 구조화함으로써 고객, 협력업체 등 외부 세계와의 커뮤니케이션을 강화하는 역할도 했다. 다만 이런 복잡한 시스템을 설치하고 운영하기 위해서는 전사적 차원에서 최고 수준의 전문인력을 투입해야 했기 때문에 대부분 기업에서 전담 부서를 신설했다.

막대한 재정적 투자, 전문적인 인적자원 투입이 필요하다는 제약 조건으로 인해 소규모 기업들은 산업용 소프트웨어 발전의 혜택을 충분히 누리지 못했다. 디지털화된 대규모 관리 시스템을 도입하지 못하거나 충분히 사용하지 못하는 현장에서는 린 생산방식의 간판 시스템과 같은 물리적이고 시각적인 관리방식이 더욱 환영받았다. 제3차 산업시대에 제조업 분야의 자동화는 기술 진보와 시장 변화를 따라잡기 위한 혁신과 구조조정 활동을 요구했으며, 이 과정에서 부서 이기주의가 악화되기도 했다.

무한한 연결성을 실현하는 소프트웨어 융합
―

초생산성과 교차 통합의 가속화와 함께 제4차 산업시대 운영 모델의 주요 목표 중 하나는 인간, 기계, 제품의 초연결성을 활용하는 것이다. 우리의 일상을 지배하는 앱과 소셜네트워크는 손쉬운 결제 시스템으로 거래를 단순하게 만들어주고, 수많은 정보에 대한 접근성을 높여줌으로써 연결성을 증폭시키고 있다. 또 소비자 입장에서 더 수준 높은 서비스를 요구할 수 있게 해주었고, 이전에는 존재하지 않았던 서비스에 접근할 수 있도록 해주었다.

전 세계적으로 인터넷 사용자, 스마트폰 사용자 수는 계속 늘어나고 있다. 개인정보 보안 관련 부정적 이슈에도 불구하고 소셜네트워크 사용자 수 역시 증가 추세가 꺾이지 않는다. 이러한 디지털 세계에서 소프트웨어는 일상생활에 커다란 영향을 미칠 뿐 아니라, 모든 경제 분야에도 침투해 변화를 일으키고 있다. 특히 산업용 소프트웨어는 제조 및 유통 분야의 혁신을 이루고 고객 가치를 위한 대응성과 효율성을 극대화하며 다양한 형태의 가치를 창출하고 있다.

2018년 컨설팅기업 딜로이트Deloitte가 제조업 분야의 경영자들을 대상으로 한 조사에 의하면, 유럽과 미국에서 향후 몇 년 이내에 직면할 것으로 예측되는 주요 기술적 도전 과제로 산업용 소프트웨어의 확산, 사물인터넷을 통한 제품의 연결성 강화, 운영체제의 디지털화 등이 꼽혔다. 지난 10여 년간 생겨난 중대한 현상 중 하나는 소프트웨어 융합으로, 제조업 분야에 IT 시스템이 접목되면서 다양한 지능형 소프트웨어가 하드웨어와 결합했다.

1970년대를 지배했던 거대한 컴퓨터들은 그래픽 인터페이스 모니터가 장착된 가벼운 노트북으로 급속히 대체되었다. 이후 등장한 스마트폰은 클라우드 컴퓨팅, 원격 데이터 스토리지, 직관적인 인터페이스 등의 발전에 따라 점점 더 정교한 기능을 갖추게 되었다. 오늘날 사람들이 주머니에 넣고 다니는 스마트폰은 거대 디지털 기업인 GAFA가 다년간 수십억 달러에 달하는 연구개발비를 소프트웨어 융합에 투자한 결과물이다.

제조업 분야에서는 디지털화를 통해 자동화와 로봇화 그리고 생산 공정의 학습 능력 증대와 가속화가 이루어졌다. 나아가서는 사물인터넷, 협동 로봇, 3D 프린팅 등 기하급수적인 속도로 진보한 하드웨어에, 뛰어난 민첩성과 일상적인 '사용자 친화성'을 갖춘 소프트웨어를 융합함으로써 무한한 연결성을 실현했다.

사람들의 일상에 디지털 기술이 더욱 빠르고 깊숙하게 들어오면서 '규모의 경제'를 추구해온 거대 기업들의 비전과 사업 전략도 수정되었다. 무엇보다 디지털화는 소비자들이 제품 구매에 수준 높은 서비스가 수반되는 것을 당연하게 여기도록 만들었다. 하루 만에 혹은 몇 시간 만에 제품이 배송되기를 원하는 사람들이 늘어난 것도 그러한 추세를 설명해준다.

디지털화가 제조업에 커다란 격변을 일으켰지만, 다행인 것은 디지털화가 그 해결책이기도 하다는 점이다. 모든 고객이 하루에 200번 이상 휴대전화를 사용하는 세계에서 제조업은 제품 개발 속도를 높여야 하는 도전에 직면했지만, 한편으로는 휴대전화 마이크로칩을 통해 흘러들어오는 고객 관련 데이터들을 수집하고 분석함으로써 민첩성과 대응성을 높이고 있다. 또 모든 가치사슬에서 데이터가 유동적으로 연결되고 공유될 수 있도록 함으로써 고객에게 최상의 서비스를 제공하는 동시에 기업 내부의 자체 역량을 끌어올리는 데 활용하고 있다.

설계 및 생산의 소프트웨어 융합

부품 및 제품 설계 분야에서 소프트웨어 융합의 가속화를 가장 급진적으로 실현하고 있는 것은 단연 3D 프린팅이다. 전자 또는 디지털 파일로부터 지정 재료를 층층이 이어 쌓아 3차원 물리적 객체를 만들어내는 이 기술은 소프트웨어 융합 덕분에 점점 더 정교해졌다. 제조업 분야의 전문직 기술자들은 3D 프린팅 덕분에 제품의 동적 사양을 테스트하는 시뮬레이션 시간을 절약할 수 있게 되었고, 더욱 정교한 설계와 디자인을 통한 시제품 제작도 가능해졌다.

3D 기술의 진화는 가상현실, 증강현실, 융합현실의 세계를 창조했다. 이러한 기술을 통해 우리는 가상의 공간에서 사물을 입체적으로 시각화하고 상호작용할 수 있는 상황까지 이르렀다. 이제 소비자들은 자신이 구매하려고 하는 옷, 신발 등의 제품을 가상공간에서 미리 사용해보고 있으며, 이 과정에서 쌓이는 데이터는 다시 동일 제품의 설계와 개발에 커다란 영향을 미치고 있다.

지역 내 가치사슬에서 서로 다른 작업 공정, 직능 부문, 공장 그리고 고객과 공급업체가 초연결성을 통해 재배치됨에 따라 이익 창출 구조에도 변화가 생겼다. 무엇보다 복잡한 프로젝트에서 협업이 가능해진 데 따른 부가가치 창출이 두드러지고 있다. 고객 수요 변화를 반영해 민첩하게 제품을 설계하고 개발할 수 있는 능력은 첨단 디지털 기술 역량에 좌우된다. 그 이유는 고객 요구를 그때그때 실시간으로 반영하기 위해서는 원활한 협업과 더불어 원격 작업이 가능해야 하는데, 이때 필요한 것이 바로 디지털화이기 때문이다. 소프트웨어 융합은 개발 단계에서의 이러한 초연결성과 민첩성을 뒷받침하는 중요한 성공 요인이다.

　디지털화는 생산 단계에서도 다양한 형태로 이루어진다. 디지털화는 생산 현장에서 각종 서류 작성과 인쇄 등의 불필요한 행정 업무를 상당 수준 줄여주었다. 이제 작업자들은 생산 계획서나 제작 주문서를 일일이 인쇄하는 데 들어가는 비용과 시간을 모두 절약할 수 있다. 또 특정 제품 및 생산 양식과 관련된 문제의 원인을 추적하는 데 필요한 정보들도 훨씬 빠르고 정확하게 수집할 수 있다. 각기 다른 현장에서 사용하는 작업 도구의 차이에서 비롯되던 비효율 문제도 해결되었다.

　디지털화는 가상현실과 시뮬레이션을 통해 학습 속도를 가속화하고, 증강현실을 이용해 실수를 예방하는 역량을 키워준다. 더 나아가서는 특정 현상과 그 원인에 대한 이해를 높여 업무 프로세스를 개선하고 속도를 높이는 데에도 도움을 준다. 예를 들어, 인공지능을 사용하면 특정 설정과 특정 결과를 연결하는 방식을 통해 학습이 더 쉬워지고, 품질 및 효율성을 높이는 데에도 도움이 된다. 또 기계학습machine learning[15] 알고리즘은 뚜렷하지 않은 신호들도 미리 감지하고 예측하여 향후 발생할 수 있는 고장을 예방하는 데에 도움이 된다.

15　인공지능의 한 분야로 '머신러닝'이라고도 한다. 경험적 데이터를 기반으로 학습하고 예측하며, 스스로 성능을 향상하는 시스템과 이를 위한 알고리즘을 연구하고 구축하는 기술을 포함한다.

운영체제에서의 소프트웨어 융합

디지털화는 조직을 운영하는 리더들이 일상적인 업무를 훨씬 더 유연하게 처리하는 데에 도움이 된다. 디지털화 덕분에 그들은 현장에 직접 방문하지 않고도 원격으로 모니터링하고, IT 시스템을 통해 성과를 쉽게 측정할 수 있다. 빠르게 정보를 습득해 비상 상황에 더욱 민첩하게 대응할 수 있으며, 각 사업 부문 간 강력한 상호작용이 일어나도록 운영체제를 혁신하는 것 역시 수월해졌다.

고객관리 분야의 소프트웨어 융합 역시 많은 이점을 가져다준다. 고객관리를 위해서는 제품과 고객을 연결하는 디지털화가 가장 중요하다. '연결되지 않은' 제품은 시간이 지남에 따라 기술적 가치를 잃어버리지만, '연결된' 제품은 지속적인 소프트웨어 업그레이드를 통해 기술적 가치가 한층 높아진다.

제품의 연결성을 통해 기업과 고객이 얻을 수 있는 장점은 세 가지이다. 첫째, 고객이 제품의 사용법을 잘 이해할 수 있다. 이는 제품의 설계를 개선하는 데에도 도움이 된다. 둘째, 제품을 판매할 때 더욱 효과적으로 사용하고 유지관리할 수 있도록 디지털 서비스를 동반함으로써 고객에게 제품이 더욱 유용해졌다. 셋째, 제품을 구매해서 폐기할 때까지의 전체 과정에서 수시로 제품 성능과 서비스를 업그레이드할 수 있고, 이로써 고객 가치 역시 커졌다.

디지털화가 가치사슬 전체에 미친 영향

디지털화가 산업계에 미친 가장 긍정적인 영향은 가치사슬 전체를 해체하고 구획을 없앤 것이다. 덕분에 데이터가 가치사슬의 처음부터 끝까지 빠르고 정확하게 공유되고, 부가가치를 창출하지 않는 중간 사슬을 건너뜀으로써 효율성과 수익성이 높아졌다. 또 이는 제품 개발력 향상과 물리적 생산 공정의 안정화로 이어졌다.

가치사슬의 탈구획화는 고객 관련 데이터의 실시간 공유, 부품 공급 및 주문 입력의 자동화, 3D 기술 기반 제품 설계 등을 통해 '개발→산업화→생산→고객 서비스'의 주기가 더 짧아지도록 함으로써 산업계 혁신의

그림 2.5 소프트웨어 융합이 산업계에 미친 영향

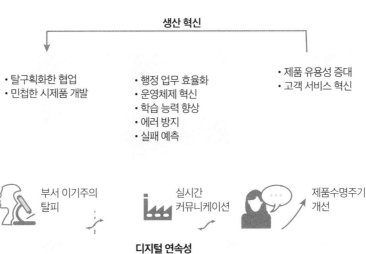

생산 혁신

· 탈구획화한 협업
· 민첩한 시제품 개발

· 행정 업무 효율화
· 운영체제 혁신
· 학습 능력 향상
· 에러 방지
· 실패 예측

· 제품 유용성 증대
· 고객 서비스 혁신

부서 이기주의 탈피

실시간 커뮤니케이션

제품수명주기 개선

디지털 연속성

지식 연속성

출처: Opeo

가장 중요한 토대가 되었다. 가치사슬 내의 모든 참여자들이 연결됨으로써 학습 능력이 향상되었고, 문제를 해결하는 역량 역시 제고되었으며, 더 많은 협업 가치를 창출했다.

테슬라의 교훈:
모빌리티 기능을 갖춘 컴퓨터

코딩 문화에서 성장한 일론 머스크의 생각을 이해하는 가장 중요한 관점은 IT 시스템 아키텍처의 최상단에서 대량화, 연결성, 복합성을 추구하는 방식이다. 이런 접근방식을 토대로 테슬라는 제품, 공장, 조직을 개념화했다. 테슬라에서 소프트웨어 융합은 특히 제품의 연결성에서 독특한 형태를 띤다. 가령 테슬라의 자동차는 설계 단계에서 강력한 IT 시스템 아키텍처의 형태로 개념화되었다.

테슬라가 자동차 시장의 신규 진입자로서 가진 장점은 플랫폼 설계부터 자유롭게 시작할 수 있었다는 점이다. 테슬라의 자동차 모델은 모빌리티 기능을 갖춘 컴퓨터로 설계되었다. 이러한 모델은 동력장치를 포함해 차량 내부의 모든 기능을 연결하는 것이 가능하며, 마치 소프트웨어처럼 업그레이드될 때마다 점점 더 완벽해지는 엄청난 이점을 제공한다.

테슬라의 모델S는 전 세계 자동차 시장에서 제품수명주기에 제동장치, 에너지 효율, 무인주행 등의 개선이 이뤄지는 거의 유일한 차량이다. 테슬라는 모델3의 제동 문제를 몇 주 만에 해결하기도 했다. 고객 요구에 거의 즉각적으로 대응함으로써 테슬라의 경쟁력이 한층 높아졌다. 고객 요구에 따라 기능이 추가되거나 개선되면 이를 모든 테슬라 차량에 적용할 수 있다. 이는 모든 차량이 바퀴 달린 아이폰처럼 4G로 연결된 덕분이다.

테슬라는 제품 개발 과정에서도 '시험 후 학습'이라는 사고방식과 결합한 디지털화에서 나오는 이점을 충분히 누리고 있다. 가령 디지털 시뮬레이션이 가능한 덕분에 안전성 검증을 위한 충돌 테스트와 같은 물리적 실험은 최소한으로 진행한다. 벤치마킹을 위해 테슬라를 방문했던 도요타의 설계팀 기술자들은 테슬라가 실험용 베타 차량을 열다섯 대 정도만 운행하는 걸 보면서 무척 놀라워했다.

테슬라주의에서 소프트웨어 융합의 또 다른 측면은 선도적인 디지털 기업들처럼 '뛰어난 사용자 경험'을 제공하는 제품이나 솔루션을 끊임없이 개발하려는 노력으로 나타난다. 모델S 개발 당시 중앙콘솔에 부착된 태블릿 모니터는 이전의 자동차 시장에는 존재하지 않는 것이었다. 일론 머스크는 자동차 시장 특유의 경직성을 탈피하려면 점진적 개선이 아닌 파괴적 혁신이 필요하다고 판단했기에 자동차 업계의 전통적인 공급업체들이 아니라 컴퓨터 장비 공급업체로 눈길을 돌렸다.

테슬라의 소프트웨어 융합은 주로 리더인 일론 머스크의 사고방식에 의해 추진되었다. 아주 어렸을 때 코딩을 시작한 일론 머스크는 페이팔 Paypal, 스페이스X, 솔라시티 그리고 테슬라에 이르기까지 기업가로서의 다양한 경험을 통해 비트와 원자를 결합해 두 세계의 장점을 취하는 방법을 알게 되었다. 기계공학과 IT 분야를 모두 섭렵한 이런 운영 능력은 제4차 산업시대에 무시무시한 장점으로 발휘되었다.

소코멕 사례:
고객에 초점을 맞춘 소프트웨어 융합
―――

스위치 전문 기업 소코멕SOCOMEC은 제품과 기술력을 모두 인정받은 기업 중 하나다. 1922년 가족이 모여 설립한 소코멕은 3,000명 이상의 직원이 근무하는, 전 세계 30여 개의 자회사를 거느린 기업으로 성장했다. 고도의 전문지식이 필요한 틈새시장을 파고든 소코멕은 전력망 시스템의 '에너지 제어'를 포함한 여러 분야에서 선두를 달리고 있다.

20년 전부터 소코멕에서 일하고 있는 전략담당 이사 롤랑 쉐퍼Roland Schaeffer는 매우 핵심적인 역할을 수행하고 있다. 이전 회사에서 IT 책임자였던 뱅상 브루네타Vincent Brunetta는 소코멕에서 최고디지털책임자CDO로 일하고 있다. 두 사람은 디지털 혁명을 적극적으로 활용하는 성장 전략에서 소프트웨어 융합이 의미하는 바가 무엇인지 이야기해주었다.

고객 중심의 디지털 전환 프로젝트

쉐퍼는 신규 공장 설립, 글로벌화, 생산 시스템의 증강 등 몇 가지 큰 변화를 겪었던 지난 2년이 지금까지 회사에서 경험한 가장 중요한 전환점이었다고 말한다. 2014년에 소코멕의 경영진은 자사의 전문 영역에서 경쟁 우위를 강화하고 새로운 성장 동력을 발굴하기 위해 디지털 전환 프로젝트를 시작했다. "처음의 목표는 디지털 연속성을 추진하고 데이터가 중복되지 않도록 하는 것이었습니다. 이로써 가치사슬 전체에서 일관성과 신뢰성, 효율성을 높이고, 고객 서비스도 개선하고자 했습니다."

쉐퍼의 설명처럼, 소코멕의 디지털화 첫 번째 단계는 '고객 중심'에 초점이 맞춰졌고, 이에 따라 디지털 연결성, 서비스 혁신, 데이터 처리 프로세스 개선을 통한 가치 창출이 주요 과제로 주어졌다. 이 계획은 다른 두 가지 디지털화 작업으로 보완되면서 회사의 심층적인 변혁을 이끌었다. 그중 하나는 소코멕의 다양한 역량과 전문인력을 기반으로 직능 분야를 교차 통합하는 것이었다. 다른 하나는 '인더스트리 4.0' 실행 계획을 통해 운영체제를 개선하는 것이었다.

소코멕은 지역 내 기업의 전략을 벤치마킹하거나, 미래의 첨단기술에 집중하는 연구센터에 방문하는 등 생태계를 적극 활용했다. "처음에는 디지털에 대한 개념이 불분명했습니다. 우리는 지역 클러스터와 커뮤니티에 가입하고 보쉬Bosch, 소우유소콤, PSA그룹Groupe PSA과 같은 다양한 기업들을 만났습니다. 또 프랑스의 대체에너지및원자력위원회CEA를 방문해 자문을 구하고, 협동 로봇과 가상현실도 연구했습니다. 이 모든 게 도움이 되었죠."

독립적인 자회사 설립을 통한 소프트웨어 융합

브루네타는 소코멕의 디지털 전환 프로젝트가 성공할 수 있었던 중요한 요인으로 '독립적인 에너지 관련 자회사 설립'을 꼽았다. "독립적인 구조를 만들자 민첩성이라는 놀라운 결과가 나타났습니다." 쉐퍼도 같은 생각이라며 이렇게 말했다. "에너지 관련 자회사는 다른 방식으로 일할 수 있다는 가능성을 보여줌으로써 회사 전체의 혁신 속도를 확실히 높여주었습니다. 이는 대응성과 유연성을 개선하는 데에도 매우 중요한 역할을 했습니다." 소코멕의 에너지 자회사는 설립된 지 불과 3년밖에 되지 않았지만, 그동안 이뤄낸 성과들은 여러 면에서 매우 고무적이었다.

브루네타는 자회사 설립으로 소코멕이 시장에 미치는 영향력이 확대된 점도 강조했다. "우리는 시장의 현재 수요에 완벽하게 대응합니다. 에너지를 저장하는 것도 중요하지만, 에너지 사용을 최적화하는 것도 중요하거든요. 제품 관련 기술 노하우에 서로 다른 시스템에서 가져온 데이터 활용의 최적화가 더해진 덕분에 우리의 솔루션은 시장에서 큰 호평을 받고 있습니다. 에너지 효율성이 뛰어나다는 평판 덕분에 몇몇 새로운 시장을 개척하기도 했습니다."

소코멕의 미래에 기대를 걸게 하는 또 다른 요소는 이 회사의 전통적인 업무와 새로운 업무가 만들어내는 시너지 효과에 있다. 이에 대해 브루네타는 이렇게 설명한다. "우리는 새로운 온라인 판매 방법을 개발했습니다. 제품들은 장차 실질적인 디지털 요소와 결합해 더욱 진화할 것입니다."

고객관계관리CRM에 대한 디지털 지원은 세 가지 목표로 추진되었다. 이는 고객에게 새로운 데이터 서비스를 제공하고, 제품 사용 관련 정보와 지식 서비스를 확대하며, 실시간 고객 수요 추적이 가능한 제품수명주기관리PLM를 완성하는 것이다. 디지털 지원과 관련하여 브루네타는 내부 운영체제에 적용된 두 가지 사례에 대해서도 말해주었다. "품질관리 부서는 제품에 대한 데이터를 바탕으로 생산 공정을 원격으로 조정할 수 있습니다. 기술 부서는 제품 노후화와 관련된 데이터를 수집하고 이를 제품 개발 과정에 반영할 수 있도록 지원합니다."

소프트웨어 융합 추진을 위한 전제 조건

소프트웨어 융합은 단순한 제품 개발의 프레임워크를 뛰어넘는, 훨씬 복잡하고 광범위한 판단 능력이 필요한 혁신이다. 브루네타는 소코멕의 소프트웨어 융합을 이렇게 설명했다. "소프트웨어 융합의 첫 번째 단계는 더 많은 소프트웨어를 제품에 내장하는 것이었습니다. 두 번째 단계에서는 클라우드 컴퓨팅 제공과 에너지 효율 기반의 가치 제안 등과 같은 고객 서비스에 집중했습니다. 세 번째 단계에서는 자동화된 생산 공정과 종이가 필요 없는 업무 환경처럼 작업 현장의 민첩성과 효율성을 추구했습니다."

쉐퍼에 따르면, 소프트웨어 융합을 추진하기 전에 운영체제를 개선하는 것이 전제 조건이었다. "우리는 이미 린 생산방식을 적용하고 있었고, 전사적자원관리 시스템도 개선할 예정이었기 때문에 시기가 적절했습니다. 처음에는 잘 이해하지 못했지만, 나중에 보니 이 두 가지는 소프트웨어 융합을 통한 운영체제 전환에 꼭 필요한 전제 조건이었습니다."

파괴적 혁신 활동을 지향하는 학습 프로그램

소코멕은 학습에도 엄청난 에너지를 쏟아붓는 기업이다. "우리는 전용 디지털 도구와 학습 플랫폼이 가득한 프로그램을 만들었습니다. 하지만 직군별로 필요한 미래 역량이 무엇인지 파악한 뒤에는 그것이 충분하지 않다는 것을 알게 되었습니다. 우리는 학습 도구와 프로그램을 혁신하는 데에 소프트웨어 융합을 적극적으로 활용하기로 했습니다. 예를 들어, 우리 회사의 연구개발 직군은 기계와 전자공학에 초점을 맞춰왔지만, 데이터 과학과 디지털화를 통해 기존의 역량을 보완할 필요가 있었습니다."

브루네타가 기술 중심의 학습 능력 혁신에 집중했다면, 쉐퍼는 물리적인 측면에 더 집중했다. "우리는 상황을 완전히 바꾸기 위해 별도의 학습센터와 고객센터를 만들었습니다." 여기에는 에너지 자회사를 설립할 때와 같은 전략, 즉 파괴적인 혁신 활동을 지향하는 전략이 똑같이 적용되었다. "우리의 교육 및 제품 혁신 도구들은 많은 호응을 얻었고, 상도 여러 번 받았습니다. 시간이 좀 걸리긴 했지만, 우리의 전략은 투자 대비 이득이 높았습니다."

쉐퍼가 바라보는 소코멕의 미래는 매우 낙관적이다. "자동화 공정을 기반으로 실시간으로 체계화되고 일관성 있게 업데이트되는 데이터를 얻을 수 있습니다. 관리자는 평정심을 유지하면서 작업 현장을 좀 더 안정적으로 운영할 수 있게 되었고요. 물론 최첨단 기술 역량, 맞춤형 제품의 확대, 고객 서비스를 극대화하는 운영체제 등의 소프트웨어 융합에 대해서도 늘 염두에 두어야겠지만요."

소코멕은 제4차 산업혁명이 만들어준 모든 혁신의 기회를 최대한 활용하기 위해 분주히 움직이고 있다.

제3원칙-소프트웨어 융합: 리더를 위한 10가지 질문

01. 핵심 비즈니스에 적용 가능한 다양한 디지털 솔루션에 관심이 있는가?

02. IT 코딩 원리를 비롯해 시스템 아키텍처, 소프트웨어 레이어, 프로그램, 응용 언어 등을 이해하고 있는가?

03. 회사의 개발팀이 3D 기술, 증강현실 또는 가상현실을 이용하고 있는가?

04. 현장 관리자가 디지털 솔루션을 사용하여 현장을 방문하고, 성과에 대한 동기부여를 하고, 위험 요소를 확인하여 문제를 해결하는가?

05. 회사의 운영체제가 디지털 솔루션과 통합되어 불량과 에러를 방지하고 실수나 고장을 예측할 수 있는가?

06. 전체 가치사슬에서 직원들이 디지털 협업 도구를 충분히 활용하고 있는가? 전체 가치사슬의 디지털화를 고민하고 있는가?

07. 회사의 경쟁력과 조직 운영 역량을 끌어올리는 데에 디지털화의 잠재력을 충분히 사용하고 있는가?

08. 혁신적인 소프트웨어 솔루션을 통합할 수 있는 내부 역량을 갖추었는가?

09. 새로운 기술이나 아이디어를 도입하기 전 검증 단계에서 인공지능을 활용해 보았는가?

10. 고객관계관리 전략에 디지털화가 포함되었는가? 가령 고객 데이터를 수집해 서비스 혁신에 반영하거나, 제품의 유용성을 높이기 위한 디지털 서비스를 제공하고 있는가?

플랫폼 트랙션

디지털 플랫폼을 통한 시장 통합

Summary

◆ 전통적인 트랙션에 네트워크 효과가 더해져 증강된 것이 '플랫폼 트랙션'이다. 디지털 플랫폼은 생산자와 소비자를 직접 이어줌으로써 훨씬 빠르게 시장을 통합하고 확대한다.

◆ 디지털화를 통해 가치사슬 다운스트림에 개입하는 중개자들이 업스트림 기업들과 직접 접촉하면서 선형 구조의 가치사슬이 별 모양 구조로 바뀐다.

◆ 테슬라는 플랫폼을 구축하는 가장 좋은 방법은 제품과 서비스를 통해 자신만의 네트워크를 만들어 확장하는 것이라는 점을 보여준다.

가치사슬의 해체와 네트워크 효과

　시장과 사업 모델을 혁신하기 위해 디지털을 활용하는 가장 흥미로운 접근법 중 하나는 디지털 플랫폼을 통해 자신의 영역에서 가치사슬을 해체하고 통합함으로써 새로운 형태의 트랙션traction[16], 즉 이익 창출 구조를 만들어내는 혁신 모델이다. 이른바 '플랫폼 트랙션'은 디지털 플랫폼이 가진 네트워크 효과를 통해 증강된 트랙션으로 이해할 수 있다.

　생산자와 소비자를 직접 이어줌으로써 시장을 통합하는 디지털 플랫폼은 전통적인 시장에 비해 훨씬 빠른 속도로 성장하고 있다. 구글이 그 좋은 예다. 매일 200억 개의 웹사이트와 30조 개의 색인을 검색할 수 있는 플랫폼 덕분에 구글은 2017년 전체 인터넷 검색의 92퍼센트를 차지하고 있다. 제4차 산업시대의 이익 창출 모델은 '규모의 경제'에서 '네트워크 효과'로 옮겨가고 있다.

16　전통적인 의미에서의 트랙션은 매출이나 사용자 수 등으로 나타낼 수 있는 스타트업의 성과, 제품이나 서비스가 시장성이 있으며 수익을 낼 수 있음을 보여주는 양적인 증거를 의미한다.

제3차 산업시대에는 기업들이 핵심 사업에 주력하면서 가치사슬의 많은 부분을 저임금 국가의 하청업체에 위임하는 방식으로 규모를 키우는 것이 일반적인 비즈니스 모델이었다. 하지만 디지털화는 기존의 비즈니스 모델에 균열을 가져왔다. 시장의 수요 변화에 따른 더 강화된 대응력이 요구됨에 따라 가치사슬에 참여하는 기업들의 상호 의존성도 점차 높아졌다. 가치사슬의 한쪽 끝에 있는 기업이 다른 한쪽 끝에 있는 기업과 직접 연결되기도 했다. 또 데이터 처리 속도와 용량이 기하급수적으로 증가하면서 제조업계에서도 '연결성'과 '즉시성'이 새로운 표준이 되었다.

새로운 비즈니스 모델에서는 플랫폼이 만들어내는 '네트워크 효과'가 중요한 이익 창출 요인으로 자리 잡았다. 일단 네트워크가 만들어지면 참여자가 늘어나고, 그에 따라 네트워크의 힘은 참여자 수의 제곱에 비례해서 커졌다. 다음 페이지의 그림 2.6에서 보듯이, 제3차 산업시대의 이익 창출 구조가 생산자에서 소비자로 단방향으로 이어지는 '선형' 구조였다면, 제4차 산업시대의 이익 창출 구조는 플랫폼을 중심으로 다수의 생산자와 소비자가 다방향으로 연결되는 '사방형' 구조로 변형되었다.

사방형 구조에서 플랫폼은 마치 문어의 촉수처럼 강력한 힘으로 생산자와 소비자를 끌어들인다. 플랫폼 구조에서는 생산자도 소비자가 될 수 있고, 소비자 역시 생산자가 될 수 있다. 이로써 수요가 확대되는 규모의 효과까지 얻을 수 있다. 또 플랫폼 구조는 선형 구조에 비해 연결성과 즉시성이 뛰어나 훨씬 빠른 속도로 많은 이익과 가치를 창출한다.

이러한 구조는 생산자에서 최종 소비자로 이어지는 전통적인 가치사슬을 가진 기업에서 볼 때 매우 '파괴적'이다. 가장 큰 변화는 가치사슬

그림 2.6 가치사슬 구조의 변화: 선형에서 사방형으로

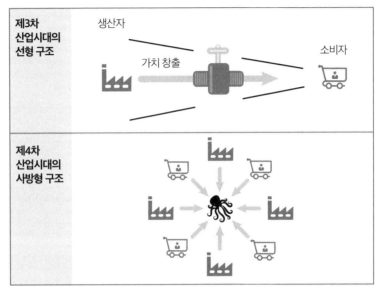

출처: Opeo, Parker, Van and Choudary(2016)

의 다운스트림에서 활동하는 기업들이 업스트림의 기업을 중개자 없이 직접 만날 수 있게 되었다는 점이다. 또 최종 소비자는 중개자 없이 공급자와 직접 연결되어 제품과 서비스를 구매하기도 한다. 이러한 탈중개 disintermediation 현상은 제조업계의 생산 시스템에도 많은 변화를 가져왔다.

린 생산방식에서 펄스 생산방식으로

디지털 플랫폼이 성장하면서 린 생산방식을 대체하는 새로운 생산방

그림 2.7 린 생산방식에서 펄스 생산방식으로

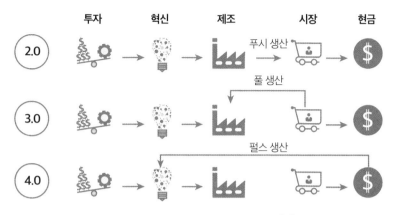

출처: Opeo, Fabernovel(2018)

식이 생겨났다. 린 생산방식은 지난 40년 동안 수천 개의 기업이 운영비를 대폭 절약할 수 있게 해준 적시생산 시스템의 필수 요소였다. 기본 원칙은 간단했다. 과잉소비를 피하기 위해, 먼저 주문받지 않으면 절대 생산하지 않는 것이다.

시장의 맞춤화 요구가 높아지고 제품의 리뉴얼 속도가 빨라짐에 따라 생산방식에서도 새로운 흐름이 요구되었다. 그 결과 린 생산방식이 '펄스pulse' 생산방식으로 대체되고 있다. 그림 2.7에서 보듯이, 이 새로운 생산방식은 고객 주문에 제품 생산을 맞추는 풀 생산만 하는 것이 아니라, 사전에 잠재고객이 미래 제품 혁신에 필요한 자금을 지원하도록 하는 것이다. 이는 고객을 단기 투자자로 전환하는 좋은 방법이기도 하다. 고객은 기업 발전을 직접 지원함으로써 새로운 혁신 제품의 최초 소유자가 되는 특별한 가치를 얻을 수 있다.

다만 이 새로운 접근법을 적용하려면 중요한 전제 조건이 필요하다. 그 이유는 순수 디지털 기업들이 새로운 제품이나 서비스를 시험하고 개선할 때 사용하는 베타 접근법을 제조기업들에서는 사용할 수 없기 때문이다. 베타 버전을 클릭 한 번으로 즉시 다운로드할 수 있는 소프트웨어 세계와 달리, 제조업계에서는 최소한 부분적으로 완성되지 않은 제품을 시험하는 것이 불가능하다.

따라서 펄스 생산방식에서는 잠재고객과 네트워크를 형성하고 지속적으로 소통하는 동시에 강력한 추종자 커뮤니티를 갖추는 것이 중요한 전제 조건이다. 이는 단지 유행이라서 구매하는 것이 아니라 고객이 프로젝트에서 확실한 역할을 하고 있다는 점을 강조하는 감동적인 스토리텔링을 통해서 가능하다. 또 고객이 지원한 혁신 프로젝트의 제품은 이후에도 계속해서 개선되고 업그레이드되어야 한다는 점도 중요한 전제 조건이다. 여기서 유념해야 할 것은, 혁신에 투자하고 제품이 완성될 때까지 꽤 긴 시간을 끈기 있게 기다려준 고객들이 제품을 나중에 구매한 고객들에 비해 불이익을 받았다는 느낌을 받도록 해서는 안 된다는 것이다.

새로운 성장 모델로서의 플랫폼

사방형 구조의 가치사슬과 펄스 생산방식은 네트워크를 운영하는 기업들에 네 가지 이점을 제공한다. 첫째는 '가격 최적화'다. 대량화된 실시간 연결을 통해 시장 가격을 즉각적으로 조정할 수 있다. 둘째는 '생산 능력 최적화'다. 네트워크로 연결된 작업자들의 생산 능력과 생산량의 균형을 조정할 수 있다. 셋째는 '기하급수적인 성장'이 가능하다는 점이다. 새로운 사용자 증가에 따른 비용은 추가적으로 들지 않으면서 한계이익이 훨씬 많이 발생할 수 있기 때문이다. 넷째는 '사용자 맞춤형 서비스'를 제공할 수 있다는 점이다. 네트워크를 통해 수집된 데이터를 바탕으로 대응성과 즉시성이 향상된 덕분이다.

역사적으로 볼 때, 네트워크 경제의 효용성을 가장 먼저 시험대에 올려놓은 것은 IBM이나 마이크로소프트Microsoft와 같은 '인터넷 서비스' 영역의 개척자들이다. 이후에는 페이스북, 트위터Twitter, 유튜브YouTube 같은 '소셜네트워크'의 출현으로 더욱 구체적이고 창조적인 시험이 이어졌다. 그리고 다시 우버Uber나 에어비앤비Airbnb로 대표되는 'B2C 플랫폼'으로 확대되어 시장을 혁신했다. 오늘날 네트워크 경제는 무형의 거래나 서비스에 국한되지 않고 물리적 재화를 수반하는 거래에 기초하여 제조업, B2B 산업 등 모든 산업 영역을 지배하고 있다.

네트워크 경제는 기업의 운영체제에도 변화를 가져왔다. 제1차 산업시대의 성장 모델은 자산 통합, 거대 기업, 간접비 통제, 수익성 관리가 특징이었다. 물론 이때의 운영체제도 엄청난 양의 노동력과 자본을 소비하는 거대한 구조였다. 반면 오늘날 새로운 성장 모델인 플랫폼에서는 가치 창출에 사용되는 자산을 소유하지 않는다. 전통적으로 회사의 전문 자원에 의해 수행되었던 업무 중 일부를 소비자에 크게 의존하기도 한다. 대표적인 예가 검소한 소비와 공유경제를 통한 환경 보호 활동이다. 또 마케팅 분야에서는 소비자들이 끊임없이 자신의 의견을 제시하고 미래 동향 예

그림 2.8   새로운 패러다임: '규모의 경제'에서 '네트워크 효과'로

	'규모의 경제' 패러다임	'네트워크 효과' 패러다임
가치사슬	• 부가가치, 최소 비용 ➡ • 노하우, 민첩성 ➡ • 기술적 진입장벽 ➡ • 생산자에서 소비자로 향하는 ➡ 단방향의 선형 구조	• 협업 가치 • 연결성, 사용자 경험 • 데이터 • 생산자와 소비자가 다방향으로 연결되는 별 모양 구조
사업 전략	• 유기적 성장 ➡ • 비용이 중심이 되는 ➡ 규모의 경제 • 자산의 소유 ➡ • 자산 집합 ➡	• 네트워크 효과에 따른 성장 • 수요가 중심이 되는 규모의 경제 • 소유와 분리된 가치 • 시장 통합
운영체제	• 복잡하고 확장된 공급망 ➡ • 내부 자원 ➡ • 전문가의 품질관리 ➡ • 사내 운영 마케팅 ➡	• 탈중개 • 생태계 • 사용자 중심의 환경 보존 • 사용자 중심의 마케팅

출처: Opeo

측에 도움이 되는 데이터를 제공한다. 디지털 플랫폼은 자체 재고를 보유하지 않는 정보 공장처럼 운영된다.

전통적인 제조기업의 직원들에 비해 플랫폼 기업의 직원들은 일자리에 대한 불안을 더 많이 느낀다. 특히 눈에 띄는 사례로 에어비앤비가 있다. 에어비앤비의 시가총액은 310억 유로로, 세계적인 호텔 그룹 아코르Accor의 시가총액 130억 유로와 비교해 두 배 이상 비싸다. 하지만 아코르에 약 24만 명이 근무하는 반면 에어비앤비에는 약 3,100명만 근무한다.

별 모양의 가치사슬을 가진 플랫폼 비즈니스 모델의 장점은 이익과 가치를 창출하는 방법이 훨씬 다양하고, 따라서 시장의 평가도 다양한 측

그림 2.9   제4차 산업시대의 4가지 사업 모델과 시장 승수

출처: Opeo, Parker, Van and Choudary(2016)

면에서 이루어진다. 대부분의 플랫폼 기업이 실제 수익률에 비해 시장에서 평가하는 가치가 훨씬 높은 것도 그런 이유이다. 그림 2.9에서 보듯이, 기업 가치에 대한 시장의 평가와 주가수익비율PER 간의 비율을 나타내는 '시장 승수market multiplier'가 플랫폼 모델의 경우 8.2로 매우 높게 나타난다. 반면 전통적인 서비스 제공 모델은 2.6, 전통적인 제품 제조 모델은 2.0 수준이다.

산업계 디지털 플랫폼이 가진 양면성

디지털 플랫폼에 대한 시장의 관심이 뜨겁지만, 그렇다고 해서 모든 산

업 영역에서 플랫폼의 다방향 연결 구조가 적용되고 있는 것은 아니다. 자동차나 항공 분야와 같은 제조업계의 대기업들이 공급자 네트워크를 통해 최적의 가격으로 부품과 소비재를 확보하기 위해 주로 이용하는 역경매 방식의 구매 플랫폼 역시 마찬가지다.

다른 한편에서는 제조업계 대기업들이 '사용자 경험'을 축적하고 새로운 판로를 확보하기 위해 전자상거래 사이트를 인수하고 있다. 이는 고객들이 맞춤형 제품을 주문할 기회가 점점 더 많아진다는 의미이기도 하다. 주방 가구를 구매하기 전에 온라인 사이트에서 미리 주방 구조를 설계해 볼 수 있는 것처럼, 대다수의 설비 제품 공급업체가 고객이 필요한 맞춤 제품을 빠르게 구매할 수 있는 온라인 환경을 제공하고 있다.

하지만 이러한 온라인 환경도 대부분 거래 속도를 높이고 트래픽을 생성하는 데에 초점이 맞춰져 있다. 이는 디지털 플랫폼이 가진 또 다른 잠재력, 즉 기존 사업에서의 선도적 우위를 차지할 기회를 제대로 활용하지 못하고 있다는 의미이다. 제조업계에서 '파괴적' 플랫폼이 처음 등장하기 시작한 분야는 기계 설비 공급 시장이다. 지금은 기계와 기계를 연결하는 플랫폼의 주도권을 놓고 치열한 경쟁이 벌어지고 있다.

업계의 벤치마크가 되는 기술을 가진 플랫폼이 주도권을 가질 텐데, 그렇게 되면 통신과 연결의 표준, 자동파트프로그래밍시스템APPS, 예방적 유지보수 및 기계 시범 운영을 위한 솔루션을 도입할 수 있기 때문에 업계에 미치는 영향력이 매우 클 수밖에 없다. 이러한 플랫폼은 기계 구매자와 공급자에게 필수적이기 때문에, 이 경쟁에서 우위를 차지하는 기업은 산업 장비 제조업계의 '구글'이 될 것이다. 이처럼 제조업계의 디지털 플랫폼은 단지 새로운 서비스 라인을 추가하는 차원에서 그치지 않는다. 전통적인 사업에서의 주도권을 갖기 위한 핵심 요인이다.

시장에서 파괴적 혁신을 일으키는 기업들은 대개 전통적인 사업과 디지털 세계의 교차점에서 활동하기 때문에 일반적 의미에서의 경쟁자들만 상대해야 하는 것은 아니다. 기계 제조 부문의 예를 보더라도, 제너럴 일렉트릭GE(기계와 부품), 지멘스Gimens(기술 지원과 솔루션), 보쉬(시스템과 산업 자원), SAP(통합 정보 시스템) 그리고 다쏘시스템Dassault System(소프트웨어와 애플리케이션)까지 다양한 영역의 플레이어들이 활동하고 있다.

제조업계 플랫폼의 상호운용성

플랫폼 설계에서 중요한 요인 중 하나는 상호운용성interoperability의 '표준'을 설정하는 것이다. 상호운용성은 기종이 다른 기기를 연결하여 통신할 수 있고, 다른 기기의 사용자들 간에 정보 교환이 가능한 특성을 말한다. 이는 디지털 세계가 제조업계보다 수십 년 앞선 분야이다. 인터넷 거대 기업들과 연계되어 있지만 비영리 기반으로 운영되는 많은 자선단체들은 가치사슬 내의 모든 기업이 자유롭게 가치를 창출하도록 상호운용성 표준에 정기적으로 합의한다. 이러한 유형의 가장 잘 알려진 프로토콜은 인터넷 시스템의 핵심 프로토콜인 TCP/IP이다. TCP/IP는 서로 다른 시스템을 가진 컴퓨터를 서로 연결하고, 데이터를 전송하는 데 사용되는 통신 프로로콜의 집합을 가리킨다.

상호운용성의 원칙은 html로 작성되거나 API[17]를 이용해 코딩된 웹사이트 그래픽 인터페이스와 같은 IT 세계의 모든 계층에 적용된다. 이런 인터페이스는 교환되는 정보의 종류뿐 아니라 이를 처리하는 방식도 매우 명확한 표준으로 관리된다. 동시에 각 참여자는 서로 다른 인터페이스 사이에서 완전히 자유롭게 활동할 수 있다. 이런 구조 덕분에 플랫폼이 실제로 작동할 수 있으며, 인터페이스를 지배하는 표준들 덕분에 공급과 수요가 거의 즉각적으로 연결될 수 있다. 또 각각의 표준들은 인터페이스에 적합한 형태로 스스로 조직할 수 있고, 체제 전체가 위험에 빠지지 않도록 지속적으로 혁신할 수 있다. 소프트웨어 세계는 새로운 코드의 제안이 인터페이스 표준을 준수하는지 확인하기 위해 연속적이며 자동적으로 테스트하는 체계까지 갖추었다.

부품을 주문하고 설계하고 출시하고 제조하고 운송하는 공급사슬에서 각 참여자가 명확한 표준을 따르고 있어 거래 가격 설정 외에는 협력업체와 특별히 협상할 필요가 없어진다면, 공장의 세계도 디지털 세계와 비슷한 상호운용성을 확보할 수 있을 것이다. 전자데이터교환을 활용해 수요와 자원을 연결하는 자재수급계획MRP 시스템의 성공을 그 한 가지 예로 볼 수 있다.

표준화를 통해 상호운용성을 갖춤으로써 비교적 큰 발전을 이룬 분야는 '산업 물류'이다. 역사적으로 보면, 표준화된 크기의 컨테이너가 출현

---

17 응용 프로그램 인터페이스(application programming interface)의 약자이다. 응용 프로그램이 컴퓨터 운영 체계의 다른 프로그램이나 장치의 기능을 이용하기 위한 인터페이스를 가리킨다.

하면서 해상 무역량이 폭발적으로 증가했다. 오늘날 택배와 같은 제품 배송이 일반화된 것은 소포가 무게, 크기 등과 같은 특정 표준화 특성을 갖추기 시작하면서부터이다. 소포가 상품화되면서 소형 포장 제품의 운송량 역시 폭발적으로 증가했다. 그러나 몇몇 비즈니스 분야를 제외하면 제조업 분야에서 상호운용성을 통해 커다란 전환을 이룬 사례는 많이 알려지지 않았다. 제조업 분야에서의 사용자 수와 가치를 폭발적으로 증가시키기 위해서는 서로 다른 참여자 간의 인터페이스를 바라보는 방식에 변혁이 필요한 상황이다.

플랫폼 트랙션의 전제 조건과 인센티브

제조업계에서 '디지털' 플랫폼을 만들지 않고도 네트워크 효과를 얻기 위해서는 몇 가지 전제 조건이 충족되어야 한다. 현재 '인더스트리 4.0'을 선도하는 기업들은 제품군 플랫폼을 만들어 신제품 개발에 훨씬 더 민첩하게 대응하고 있는데, 이는 부품과 하위 부품 조립의 '표준화'를 통해 이루어졌다. 이를 위해서는 공급업체와 외주업체 네트워크의 긴밀한 통합도 필요하다. 고객이나 추종자 커뮤니티 형성은 네트워크 효과를 위한 또 다른 전제 조건이다. 커뮤니티 형성은 기업이 시장에서 자연스러운 이익과 가치를 창출하고, 고객이 시제품 개발이나 크라우드펀딩에 참여하도록 하는 데에 활용될 수 있는 매우 강력한 지렛대이다.

플랫폼 기반의 다방향에서의 가치 창출 전략, 즉 플랫폼 트랙션은 새로운 비즈니스 모델에 있어서 경제적 효과는 물론이고, 기업의 사고방식과 사회에 대한 비전, 직원과 공급업체에 대한 미션, 기업과 생태계의 관계 그리고 운영체제에도 급격한 변화를 가져왔다. 플랫폼 트랙션을 통해 기업이 얻는 또 다른 인센티브는 고객에 초점을 맞춘 통합 솔루션을 판매하는 동시에 이 과정 전체에서 데이터와 자원을 공유할 수 있다는 것이다. 또 상품 및 서비스 생산의 '네트워크화'를 통해 기업은 고객 요구에 최대한 유연하게 대응할 수 있는 생산 능력을 갖추게 될 것이다. 이러한 새로운 모델에서 리더는 단지 새로운 판로를 확보하는 것을 넘어서서 경제 전반에 영향을 미치는 완전한 혁명을 달성하는 것을 목표로 해야 한다.

테슬라의 교훈: 플랫폼을 통한 전방위적 영역 확대

오늘날 제조업계에서 플랫폼을 구축하는 가장 좋은 방법은 자사의 제품 기반 네트워크를 만드는 것이다. iOS를 통해 세계 곳곳에 연결된 제품 네트워크를 활용하는 애플 스토어가 좋은 예이다. 일론 머스크는 이것을 아주 일찍부터 이해했다. 이는 차량과 주택이 연결되어 에너지 잔량을 실시간으로 파악할 수 있는 서비스를 제공하는 플랫폼을 통해 구현되었다. 이러한 전략의 궁극적인 목표는 자산을 소유하지 않고도 가치 창출을 촉진할 수 있는 환경을 만드는 것이다.

시간이 흐르면서 일론 머스크의 목표는 태양광 패널을 생산하는 자회사인 솔라시티를 통해 태양광 발전 지붕으로 개조된 주택과 테슬라의 전기차 간에 에너지 이전이 가능한 시스템 구축으로 진화되었다. 태양광 주택과 전기차를 연결하면 화석연료나 핵연료를 태양광으로 대체할 수 있어서 전기 소비량이 급격히 늘거나 줄지 않도록 거대한 자율 규제 네트워크를 만들 수 있다. 일론 머스크는 자신의 비전을 설명하면서, 한 시간 동안 지구를 비추는 햇빛의 양만으로도 연간 에너지 수요를 모두 충족할 수 있다고 말했다. 이런 식으로 그는 단순한 자동차 제조에서 훨씬 더 멀리 앞서가는 위치에 서게 되었다.

이에 더해 일론 머스크는 테슬라 차량 소유주들이 원할 때면 언제나 차량을 빌릴 수 있는 공유 플랫폼을 만들려고 노력 중이다. 이러한 플랫폼을 통해 테슬라가 얻을 수 있는 이점은 세 가지이다. 에어비앤비와 거래하는 주택 보유자가 그런 것처럼, 차량 보유자는 차량 구매 자금을 조기 상환하는 데 도움을 받을 수 있다. 또 차량 운행량이 감소하면서 주차장 같은 기반시설의 필요성이 줄어들고, 이에 따라 도시 설계 전반에서 급진적인 변화가 일어날 수 있다. 그리고 현재 우버가 하고 있듯이, 도시 내의 이동성mobility 수요에 실시간으로 대응이 가능해진다.

다음 단계는 정해진 방식대로 사용자를 태우고 목적지까지 데려다준 뒤 알아서 차주에게 되돌아가는 무인 자동차driverless car를 개발하는 것이다. 물론 이를 위해서는 고성능 디지털 플랫폼, 효율적인 GPS 시스템, 안정적인 거래 시스템, 차량 구매비용의 신속한 상환을 위해 맞춤화한 자금 지원 솔루션 등이 필요하다.

일론 머스크가 테슬라 브랜드 차량용 보험회사를 만들고 차량 재판매 플랫폼 구축 계획을 세우는 등, 자동차 사용 단계를 넘어 자동차의 제품 수명주기 전체를 조망하고 있다는 점에 주목해야 한다. 일론 머스크의 이러한 혁신적인 글로벌 비전은 테슬라가 전통적인 관점을 뛰어넘어 가능한 모든 영역에 진입할 수 있도록 독려하고 있다. 그림 2.10에서도 볼 수 있듯이, 테슬라의 자동차 부문은 모빌리티, 에너지, 공유경제, 금융 등의 부문으로 확대될 것이다.

테슬라는 사용자 네트워크를 통해 자사 차량에 대한 지속적인 개선과 업그레이드를 실현하고 있다. 이것은 차량 구매자와 자동차 제조사 사이의 전통적인 관계를 파괴하는 방식이다. 전통적인 자동차 제조사는 충성도 있는 판매 네트워크, 제조사와 완전히 분리된 수리 네트워크를 필요로 했다. 독특하게도 테슬라는 사용자가 중개인 없이 직접 온라인에서 차량을 구매할 수 있는 시스템을 제공하고 있다. 차량 유지보수와 관련해서도 테슬라는 원격 서비스가 가능한 시스템을 구축했으며, 원격이 불가능할 때는 차량 소유자의 가정에 방문하는 긴급출동 서비스를 도입했다.

마지막으로 '사용자 경험' 데이터는 테슬라가 단순히 자동차를 생산하고 판매하는 회사를 넘어 좀 더 큰 기업으로 자리매김하도록 하는 전략의 핵심이다. 테슬라는 사용자의 삶을 단순화하기 위한 광범위한 온라인 서비스뿐 아니라 차량과 주택 사이의 인터페이스를 제안하면서 전기차 충전소 네트워크까지 제공하고 있다. 간단히 말해, 현재 테슬라의 상황은 20세기 초반에 포드가 사업 유지를 위해 고객들이 집에서 차량을 관리할 수 있도록 '서비스 스테이션 네트워크' 개발에 착수한 것과 같다.

그림 2.10 테슬라의 플랫폼 트랙션: 전방위 영역 확대 전략

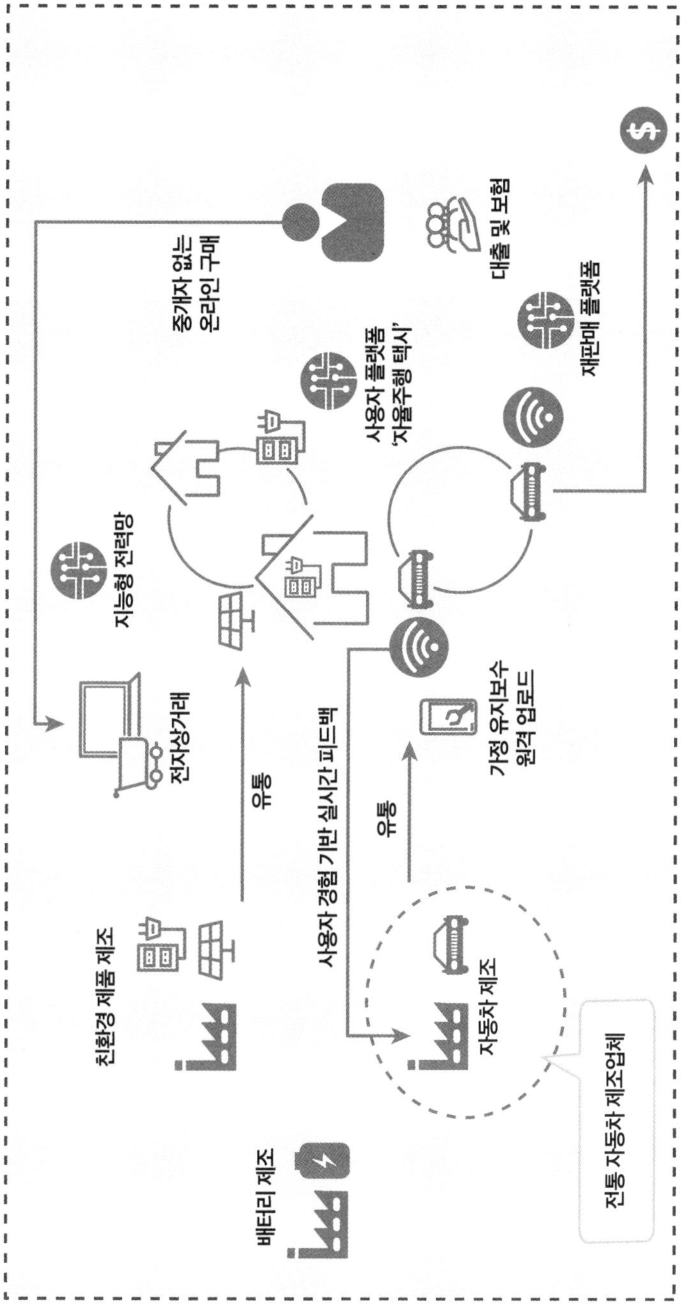

전통 자동차 제조업체

자동차 제조

사용자 경험 기반 실시간 피드백

가정 유지보수 원격 업로드

전환경 제품 제조

배터리 제조

유통

전자상거래

지능형 전력망

사용자 플랫폼 '자율주행 택시'

중개자 없는 온라인 구매

대출 및 보험

재판매 플랫폼

출처: Opeo, Fabernovel(2018)

GE디지털 사례:
개방형 플랫폼 전략

———

제너럴일렉트릭의 자회사인 GE디지털GE Digital은 대규모 제조업체들의 디지털 전환을 지원하기 위해 전 세계 여러 곳에 '디지털 파운드리Digital Foundry'를 설립했다. 이 회사가 초점을 맞추고 있는 분야는 가스 터빈이나 항공기 같은 기계류 혹은 전기 회로망이나 생산 라인 같은 핵심 시스템이다. GE디지털은 주로 산업 인터넷 플랫폼인 프레딕스Predix를 통해 출시되는 클라우드 컴퓨팅, 데이터 과학 또는 인공지능과 같은 기술을 기반으로 한 다양한 솔루션을 제공한다.

개방형 플랫폼이 갖는 강점

GE디지털을 단순히 플랫폼으로만 한정해서 정의하면 안 된다. 그들의 전략에는 확실히 가치사슬 전체를 아우르는 '엔드투엔드' 솔루션이 포함되어 있다. 여기에는 표준 플랫폼 이용 제공, 맞춤형 애플리케이션 개발, 유지관리 등의 보조 서비스 제공, 성능 개선을 통한 수익 실현이 포함된다. 특히 수익 실현의 경우, GE디지털은 중요한 자원의 성능을 개선하고 거기에서 나온 이득에 대한 보상을 약속하면서 상호 '윈-윈'할 수 있도록 토대를 만들었다.

그러나 이러한 솔루션을 실제 적용하는 것은 그리 간단한 문제가 아니다. 특히 사이버 보안, 데이터에서 파생되는 개인정보보호, 상업적 목적으로 이용되는 정보 등은 솔루션 사용자들에게 위험 요소로 작용할 수 있다. GE디지털은 이러한 리스크를 극복하고 GAFA를 비롯한 업체들과 경쟁하기 위해 '개방형 플랫폼' 제공이라는 매우 구조적인 전략을 선택했다.

개방형 플랫폼 접근방식에는 몇 가지 장점이 있다. 먼저 참여하는 기업에서는 자사만의 맞춤형 애플리케이션을 개발할 수 있고, 이후에는 플랫폼을 통해 판매도 할 수 있다. 그리고 다양한 협력업체를 통해 신속한 혁신이 가능하다. 마지막으로 데이터의 완전한 소유권을 유지할 수 있고, 데이터 사용이나 제거를 위한 비용을 별도로 지불하지 않아도 된다. 더불어서 GE디지털은 데이터를 외부로부터 철저히 보호하는 데 힘쓴다.

새로운 세계의 핵심 원칙, 융합

과거 세계의 경직성을 해체하기 위한 '융합hybrid'에서 개방성은 매우 중요한 전략이다. 하지만 이것이 다는 아니다. 융합은 시장과 협력업체에 의해 개발된 '맞춤형'이라는 블록과 '표준화'라는 블록의 결합에서 시작한다. 다만 그 융합의 결과는 어디에 초점을 맞추냐에 따라 달라질 수 있다. 예를 들어, 조직 차원에서 '중앙집중화'를 강조하면 동기화와 개발비 절감을 선호하게 된다. 반대로 혁신을 촉진하기 위해 각 지역에서 자체적으로 기술을 혁신하도록 허용하면 솔루션이 중복되는 위험이 생길 수 있다.

앞으로 기업의 가치 창출 구조에 대한 혁신은 점점 더 물리적인 흐름과 디지털 흐름의 융합을 반영하게 될 것이다. 유럽 디지털 파운드리의 관리이사인 빈센트 샴페인Vincent Champain은 많은 사람이 짐작하는 바와 달리, "물리적 흐름이 가치 창출의 90퍼센트 이상을 차지하면서 기업의 주요 동력으로 남아 있을 겁니다"라고 예측했다. 하지만 이는 모든 기업에 해당하는 것은 아닐지도 모른다. 확실한 것은 두 흐름 중 하나에 대해서 확실히 차별화하는 기업만이 성공할 수 있다는 점이다. 기업 내부의 전문가 역량이 여전히 성공의 중요한 토대로 남아 있는 것처럼, 인공지능 역시 성공으로 이어지는 여러 요소 중 하나일 뿐이다.

기술 확장을 통해 관성의 덫을 피할 수 있다

샴페인은 리더가 융합이 표준이 되는 새로운 세계에서 성공하는 방법 중 하나는 "신기술이 사업에 미치는 잠재적 영향에 대해 조감해보는 것" 이라고 말했다. 다시 말해, 이 세계의 리더는 "기업 데이터 과학에 참여할 준비가 되었는지, 민첩하게 제품과 솔루션을 설계할 수 있는지, 클라우드 컴퓨팅 등 신속한 기술 확장을 위한 기반은 견고한지 그리고 기존 시스템과의 상호운용성에 대한 검토가 충분히 이루어졌는지" 스스로 질문해봐야 한다는 것이다. 언제든 상황이 바뀔 가능성을 염두에 두더라도 미래의 기술 확장에 필요한 행동까지 계획해두는 것이 필요하다. 무반응이 결코 해결책이 될 수는 없다며 샴페인은 다음과 같이 얘기했다. "가장 피해야 하는 것은 현실 안주입니다. 새로운 세계에서는 편안한 의자에 앉아 있는 똑똑한 두 사람보다, 뭔가 해보려고 시도하는 멍청한 한 사람이 더 쓸모 있습니다."

가치사슬의 부분이 아닌 전체를 보는 시각, 기업 내부와 외부 모두를 향한 개방성, 시스템 융합에 적합한 조직 문화, 시장 변화에 빠르게 대응하기 위한 기술 확대와 자원 개발 등은 GE디지털의 플랫폼 트랙션을 구성하는 것들이면서 이윤 극대화를 위한 핵심 DNA이다.

룩소르조명 사례:
더 큰 성장을 이루게 하는 촉매제

룩소르조명Luxor Lighting은 자동차 LED 기술을 포함해 자동차 제조사와 이 분야의 1차 부품 공급업체에 제공하는 기술과 기능을 설계하고 개발하는 기업이다. 2012년부터 2015년까지 수익이 30퍼센트 감소하면서 위기를 겪었던 이 기업은 2015년 이후 2018년까지 수익 100퍼센트 증가라는 파격적인 성장세를 보였다. 이러한 회복이 가능했던 이유는 유망한 시장 분야에서 입지를 다지는 한편, 고객 및 협력업체와 '공동 사고joint thinking'을 추구하면서 가치 창출 구조를 다변화했기 때문이다. 9년 전에 이 기업을 인수한 CEO 패트릭 숄츠Patrick Scholz는 격변의 시기를 잘 헤쳐 올 수 있었던 성공 요인에 대해 다음과 같이 설명해주었다.

제품 설계 통합으로 연결성을 확대하다

숄츠는 처음 룩소르조명을 인수했을 때 "우리 회사의 고객들이 시장에서 자신감을 잃은 상태였다"라고 언급하며, 새로운 기업가적 모험에 관한 이야기를 시작했다. 그는 먼저 회사의 성장세를 회복하기 위해 선택했던 몇 가지 전략에 대해 말한다.

첫 번째는 제품 설계 통합을 개선해 고객과의 연결성을 확대하는 것이었다. 숄츠는 최종 소비자인 자동차 제조업체의 수요를 정확하게 파악할 수 있는 디지털 시뮬레이션 시스템에 투자했다. "1차 부품 공급업체들이 이미 전면과 후면의 대형 헤드라이트에 주력하고 있었기 때문에 우리는 자동차 내부 조명 및 기타 외부 소형 조명에 집중하기로 했습니다. 그러나 자동차 제조업체들과 계약하기 위해서는 디지털 통합이 필요했습니다." 이것은 일일 전자데이터교환 시스템을 통해 구현되었다. 가치사슬의 반대쪽 끝에서도 부품 공급업체와 솔루션 제공업체가 어떻게 하면 통합을 이룰 수 있는지에 대한 고민이 있었다. 룩소르조명은 로봇공학의 전문지식을 가진 현지 협력업체로부터 특수기계 설계 부문에서 도움을 받으며 협업을 시작했다. 숄츠는 "우리가 더욱 민첩성을 갖추도록 그리고 스스로 신뢰할 수 있도록 해주었다는 점"에서 이 협업이 매우 중요했다고 말한다.

기업의 사회적 책임과 지역 생태계 통합

숄츠는 성장세를 회복하는 데에 생태계가 중요한 역할을 했다고 언급했다. "다방향 구조의 가치사슬은 지역 생태계를 향해서도 이어졌습니다." 먼저 지역 당국은 룩소르조명이 새로운 생산기지를 건설하는 데에 도움을 주었다. 한편 '사회적책임CSR' 정책을 통해 숄츠는 다른 시각을 갖게 되었다. 또 제품 라벨에 지역을 표시하는 문제와 관련한 논쟁을 매출의 관점에서 바라보게 되었다. "지역 생태계의 통합과 관련해서 자동차 제조업체들도 태도가 많이 바뀌었어요. 수년간 탈지역화가 대세였지만, 우리는 다시 지역으로 돌아와야 한다고 생각했습니다. 이제 기업들이 추구하는 것은 대응성과 민첩성이기 때문에 구매 결정에서 가격 자체는 상대적으로 덜 중요하게 되었지요. 우리는 근접성에서 더 많은 이점을 얻을 수 있다고 판단했습니다."

전략적 사업 통합으로 민첩성을 얻다

이와 더불어 민첩성을 높이기 위해 실행 방식을 바꾸었다. 이는 린 생산방식의 원칙을 실천하는 것으로 시작되었다. "우리는 아주 집요하리만큼 우리가 하는 모든 일에 의문을 품기 시작했습니다." 그 결과 룩소르조명은 신속대응품질관리QRQC를 시작하고, 현장에서 일어나는 모든 일에 대한 경영진의 시각을 개선하는 작업을 했다. 또한 경쟁력을 강화하고 현장에서 종이를 없애기 위해 생산 시스템과 업무를 디지털화했다. 한편으로 민첩성을 높이려면 조명 시스템 설계 사업을 통합해야 한다고 판단했다. 룩소르조명은 광학 및 기계공학에 필요한 기술을 습득하고 통제력을 확대해나갔다. "이러한 전략적 사업 통합으로 초기 개발 단계에서 우리는 더 빨리 움직일 수 있었고, 몇 건의 계약을 더 따낼 수 있었습니다. 전자 부문에 대한 역량이 있었기에 우리가 개발하는 제품의 모든 측면을 통제할 수 있었고, 고객과의 유대감도 더욱 강화할 수 있었습니다."

투명성을 기반으로 조직을 통합하다

가치사슬 구조를 해체하고 통합하기 위해서는 기업 외부뿐 아니라 내부에서도 변화가 필요했다. 숄츠는 조직 구성원들과의 의사소통에 특별한 관심을 기울이며, 회사의 상세한 재무 정보를 포함한 월례 브리핑 자료를 모든 구성원에게 발송한다. "처음에는 이런 방식이 너무 건조하다고 느끼는 구성원들이 많았기 때문에 이 문제를 어떻게 해결할지 고민이 많았습니다. 그러나 시간이 지나면서 투명성의 원칙이 효과를 발휘하기 시작했습니다. 우리는 진정한 신뢰를 쌓게 되었고, 구성원들은 더 큰 책임감을 갖게 되었습니다."

숄츠는 이제 회사가 잘 정비되어 있어서 어떠한 위기가 오더라도 대처할 수 있다고 생각한다. 고객과의 관계 및 공급업체와의 관계, 생태계 그리고 조직, 이 모든 것이 견고하다. "네트워크는 매우 효과적인데, 핵심은 매일 더 똑똑해질 수 있다는 겁니다. 제조업계가 얼마나 현대화되고 있는지 보면서 매번 놀라고 있습니다. 미래에는 공장에서 일하는 사람이 줄어들겠지만, 진보는 집단지성을 통해서만 이루어지기 때문에 사람이 필요한 공간은 언제든 남아 있을 겁니다."

제4원칙-플랫폼 트랙션: 리더를 위한 10가지 질문

01. 시장 대응력을 높이기 위해 신뢰할 만한 공급업체 네트워크를 더 많이 구축하고 통합할 수 있는가?

02. 제품 기반 플랫폼을 만들기 위해 시스템이나 부품의 표준화에 대해 전략적으로 고려해보았는가?

03. 탈중개를 통해 생산자로서 최종 소비자와 직접 만나는 가치사슬 구조를 실현할 수 있는가?

04. 고객에게 부가가치를 제공하는 새로운 서비스를 제공하기 위해 현재의 경쟁사와 네트워크를 형성할 수 있는가?

05. 사용자 경험으로부터 수집한 어떤 데이터가 미래 제품의 설계 개선에 도움이 되는가?

06. 소셜네트워크와 그 연결성을 활용해 제품 관련 데이터를 수집하고 분석할 수 있는가?

07. 디지털 플랫폼을 이용하여 자사의 전통적인 사업을 확장할 수 있는가?

08. 충성도 높은 고객들의 커뮤니티 혹은 네트워크 구축을 시도했는가?

09. 지속적인 제품 개선을 위해 소비자를 최대한 활용하는 방법은 무엇인가?

10. 조직 구성원들이 구매를 촉진하거나 정보를 전파하는 플랫폼에 대해 인식하고 있으며, 이에 대해 교육받았는가?

제5원칙

스토리 메이킹

세계에 영감을 주는 비전

Summary

◆ 스토리 메이킹은 시장을 장악하겠다는 포부를 넘어 기업의 존재 이유에 대한 고찰을 기반으로 행동하겠다는 비전이자 전략이다.

◆ 스토리 메이킹을 통한 커뮤니케이션에는 리더의 전적인 헌신이 필요하다. 또 커뮤니케이션 채널에 대한 완벽한 통제, 적절한 타이밍과 고도의 투명성이 필요하다.

◆ 테슬라는 인류가 지구는 물론 우주에서 살아남을 수 있도록 360도 에너지 전환을 추진하는 일론 머스크의 비전으로 운영된다.

생태계를 통합하는 커뮤니케이션 전략

제3차 산업시대는 고객 요구에 초점을 맞추는 맞춤형 제품 생산과 함께 시작되었다. 이는 각 제품이 서로 다른 소비자 그룹이 요구하는 전형적인 가치를 담고 있어야 한다는 것을 의미했다. 이 고객 가치는 기업에서 제품을 판매하거나 브랜드를 홍보하려고 할 때 가장 강조해야 할 항목이기도 했다. 가령 중년 고객을 타깃으로 하는 자동차는 뛰어난 성능과 품질이, 젊은 고객을 대상으로 하는 자동차는 재미가 중요한 가치로 강조되었다.

그런데 이렇게 고객 가치를 창출하는 일은 대개 영업, 마케팅, 서비스 등 일부 직능 분야에서만 이루어졌다. 고객들 역시 기업이 전달하려는 가치와 여러 노력에 대해 이해할 기회를 갖지 못했다. 즉 생산자와 소비자가 가치사슬에서 떨어져 있어 서로 연결되지 못했고, 물리적인 접촉도 거의 일어나지 않았다.

하지만 '초연결된' 제4차 산업시대에는 사람이든 기계든, 물리적 제품이든 디지털 서비스든, 기업 내부든 외부든 더 이상 별개로 존재하지 않는다. 시장을 차지하기 위한 전략과 좋은 인재를 끌어들이기 위한 전략 역시 통합될 수밖에 없다. 한쪽에서는 고객을 위한 마케팅 전략을 구상하고, 다른 한쪽에서는 기업 이미지 제고를 위한 전략을 고민하는 식의 커뮤니케이션 구조는 한물간 구식이 되었다.

일에서 의미를 추구하는 젊은 세대의 인식 변화와 기하급수적인 기술 진보로 인해 기업들은 치열한 인재 확보 경쟁을 벌이게 되었다. 핵심 인재들이 일하고 싶어 하는 회사가 되는 것이 곧 성공의 중요한 열쇠가 되었다. 이제 기업의 마케팅, 브랜딩, 커뮤니케이션 전략은 시장이나 사용자만을 목표로 하지 않는다. 직원, 청년 인재, 정부 관계자, 미디어, 협력 업체 등 기업 생태계에서 활동하는 모든 사람에게 영감을 주는, 이해하기 쉬우면서 일관성 있는 스토리를 만들어내는 것이 목표가 되었다. 오늘날 모든 기업은 스스로 커지는 것 못지않게 자신보다 더 큰 세계의 일부분이 되는 것을 중요하게 생각해야 한다.

어떤 스토리를 어떻게 메이킹할 것인가

앞에서 테슬라주의의 네 가지 기술적·조직적 기둥들을 살펴보면서 일론 머스크가 어떻게 산업 시스템을 연결하고 활성화했는지 살펴보았다. 그런데 이 네 기둥이 단순한 사업적 목표를 넘어선 매우 고무적이고 감동적인 목표를 달성하려는 비전을 토대로 세워진 것이 아니었다면 테슬라의 혁신은 계속 유지되기 어려웠을지도 모른다. 테슬라주의에서 '스토리

그림 2.11 스토리 메이킹의 네 가지 측면

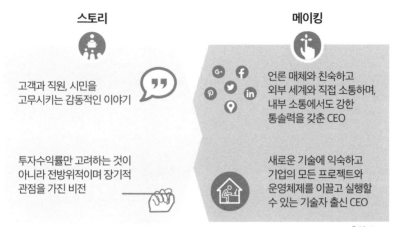

출처: Opeo

메이킹story making'은 기업 내부를 비롯해 고객, 투자자, 사회 전반에 걸쳐 강력한 동기를 부여하고 혁신적인 열망을 심어주는 에너지 창출 능력을 말한다.

스토리 메이킹은 '스토리텔링'에서 유래한 개념이다. 스토리텔링은 소셜네트워크가 발달하면서 그 영향력이 훨씬 커졌다. 다만 스토리 메이킹은 스토리텔링과 달리 단순히 듣기 좋은 이야기들로만 구성되지는 않는다. 무언가 구체적이고 실질적인 행동이 포함되어야 하며, 기업의 가치와 그것을 실현하고자 애쓰는 리더의 진정성이 담겨야 한다.

그림 2.11에서 보듯이 스토리 메이킹에는 네 가지 측면이 있다. 우선 스토리는 기업 및 지역 생태계를 아우를 수 있어야 하고, 장기적이며 전방위적인 관점이 담긴 비전이어야 한다. 그리고 이 스토리를 메이킹하고 세상에 전파하는 리더는 친숙하면서도 통솔력이 강한 커뮤니케이션 능력과

뛰어난 실행력을 갖추고 있어야 하며, 새로운 기술에도 익숙해야 한다.

단기적 수익성에서 장기적 비전으로

사업 모델을 모색하는 과정에 있는 스타트업은 초기의 낮은 수익성이 당연시되는 경우가 많다. 대신 그들은 초기 손실을 가능한 한 빠르게 보전하기 위해 전력투구한다. 문제는 이렇게 '파괴적인' 성장 과정에서 구성원에게 동기부여를 하기 위해서는 장기적인 비전이 중요하지만, 스타트업의 특성상 투자자들은 회계상의 단기 성과를 우선으로 생각한다는 점이다.

어떤 공장 관리자는 투자회수기간이 18개월을 넘지 않는 투자 제안서를 제출한 직원에게 그 기간을 더 단축해보라고 할 것이다. 하지만 제4차 산업혁명에 참여하려는 리더라면 급진적이고 파괴적인 사고방식을 가져야 한다. 미래를 위한 투자는 체계적이고 일관성 있는 비전을 바탕으로 해야 하며, 이는 시장을 정복하려는 단순한 욕망을 넘어서는 것이다. 오늘날 기업의 목표는 그들이 존재하는 이유를 비전에 담아 이것을 토대로 모든 활동을 혁신하는 것이 되어야 한다. 리더는 비전에 대한 믿음이 있어야 더욱 높은 설득력과 대담함을 발휘할 수 있으며, 회사가 단기적인 투자수익률ROI이 아니라 총체적 사고에 근거한 장기적인 전망으로 투자를 결정하도록 이끌 수 있다.

미래 산업을 이끄는 선도적인 기업에서 구성원들은 대개 일관된 비전을 통해 동기를 부여받는다. 또 그들은 의사결정권자가 올바른 선택을 하도록 돕는 가장 중요한 요소가 '신뢰'라고 생각한다. 이는 일관성 없는 무작위 투자나 기술만능주의에 빠지는 것을 피하고, 신중하게 내일을 준비하는 태도로 모든 것을 따져보아야 한다는 발상이다.

밖에서는 개방성, 안에서는 폐쇄성

이러한 원칙들에 대해 잘 이해하고 있더라도, 기업이 비전을 잘 전파하고 실행하는 일은 매우 어렵다. 자사의 차별화 모델을 경쟁자들이 쉽게 모방할 정도로 많은 정보를 노출하지 않으면서도 생태계의 모든 참여자와 친밀한 관계를 유지하기가 쉽지 않기 때문이다.

일론 머스크의 커뮤니케이션 방식은 다른 경영자나 정치인들이 그런 것처럼 이중적인 측면을 갖고 있다. 외부와 커뮤니케이션할 때 소셜 미디어에 친숙한 방식으로 매우 직접적이고 비공식적인 방식을 따르는가 하면, 어떤 문제에 대해서는 엄격한 보안과 통제하에 비밀이 유지되도록 한다. 그들이 비밀에 부치려는 것들은 대개 기하급수적인 성장의 부작용, 더 구체적으로는 파괴적 혁신으로 균열이 생긴 내부 운영체제에 관한 것들이다.

테슬라의 커뮤니케이션 방식에서 진짜 목표는 정보와 타이밍, 채널을 통제하는 것이다. 예를 들어, 일론 머스크는 하루에도 몇 번씩 트윗을 올려 자신의 계획과 상황에 대해 질문하는 고객들에게 즉각적으로 대응하며 미디어에 존재감을 드러낸다. 그는 다른 자동차 기업들이 자신을 모방하기 바란다는 공식 의견을 발표하고, 대부분의 소프트웨어의 '오픈 소스'를 제공하여 열린 혁신과 투명성을 몸소 실천해 보여준다. 이렇게 자동차 사업 관련한 자신들의 차별화 요소를 경쟁자들에게 공개하는 이유는, 일론 머스크가 자동차 사업을 넘어서 '글로벌 에너지 전환'에 기여하는 것을 최종 목표로 하고 있기 때문이다.

그러나 테슬라의 내부 운영체제에 대해 알아보려 할 때면 모든 것이 폐쇄적인 것처럼 보여 사람들을 놀라게 한다. 테슬라의 공장이나 관련 시설에 방문하려면 매우 엄격하고 까다로운 기밀유지 서약서를 제출해야 한다. 겉에서 보기에는 시원시원하고 파격적이지만, 내부적으로는 엄격하고 폐쇄적인 테슬라의 커뮤니케이션 방식은 생각보다 훨씬 복잡하다.

기술자 출신 경영자의 귀환

1980년대 이후 금융시장 자유화와 세계화 추세를 바탕으로 주요 선두 기업들은 기술 부문의 지식이나 역량보다 비즈니스 역량을 더 요구받았다. 그들은 시장을 분석하고 관리하는 비즈니스 역량을 발판으로 기업 규모를 키우면서, 한 국가에서 다른 국가로 혹은 한 분야에서 다른 분야로 이동하는 데 성공했다. 그러나 최근의 선두 기업들, 특히 자동차 분야의 기업들은 다른 양상을 보인다. 예를 들어, 르노의 카를로스 곤Carlos Ghosn과 푸조Peugeot의 카를로스 타바레스Carlos Tavarès는 자동차 관련 지식과 기술에 대해 다른 직원들이 압박을 느낄 만큼 상세히 알고 있는 경영자로 유명하다. 일론 머스크 역시 제품 개발부터 제조에 이르기까지 기술 부문에서 전문적인 지식과 뛰어난 역량을 가지고 있다. 테슬라의 직원들은 그들의 최고경영자가 사실적이고 논쟁적이며 열정적인 반응을 기대하며 던지는 까다로운 질문들에 자주 시달린다.

테슬라의 교훈: 시장의 예상을 뛰어넘는 비전

기술에 초점을 맞추는 일론 머스크의 방식을 이해하려면 그의 유년 시절로 거슬러 올라가야 한다. 그는 어린 나이에 코딩을 익힌 '괴짜'였고, 컴퓨터뿐만 아니라 물리학에도 열정적이었다. 이는 앞에서 초사고를 설명할 때 이야기했던 '제1원칙'과도 관련이 있다.

이번 책을 쓰면서 만난 사람 중에는 테슬라의 성과가 '거품'이라고 말한 사람이 많았다. 그런데 한편으로는 여러 금융기관이 테슬라에 투자한 이유가 무엇인지 궁금했다. 사실 이는 테슬라의 위상에 대한 일반적인 오해를 증명하는 역설이다. 사람들이 종종 잊고 있는데, 테슬라는 스타트업에서 출발했다. 투자가들은 절대로 어리석은 사람들이 아니다. 그들은 테슬라의 큰 그림을 보고 투자한다. 이것이 바로 일론 머스크의 커뮤니케이션이 더 큰 세계를 향한 비전을 중심으로 이루어지는 이유이며, 또 지속 가능한 에너지로의 전환을 가속화한다는 목표를 갖는 이유이기도 하다.

즉 테슬라의 미션은 고객에게 더 큰 만족을 주는 것과 더불어 인류에게 더 나은 미래를 선사하는 것이기도 하다.

일론 머스크는 테슬라를 자동차 제조기업이면서 동시에 에너지 전환 사업의 참여자로 간주하고 있다. 자율주행이 가능하고 사용자에게 자유 시간을 제공하는 친환경 차량으로 모빌리티 분야에서 혁명을 일으키겠다는 것이 테슬라의 종합적인 계획이다. 테슬라의 전기차는 내연기관 자동차에 비해 80퍼센트의 유지보수만 필요하며, 태양광 발전 지붕을 가진 집과 에너지 네트워크를 통해 연결된 덕분에 재생에너지를 더 많이 사용한다. 차량 소유자가 원하면 '공유'도 가능하다. 친환경 차량을 이용한 공유경제는 오염과 소음을 줄이고, 도로와 주차장과 같은 기반시설 사용도 줄임으로써 결과적으로 도시를 재구성한다.

일론 머스크는 유능한 인재들에게 자신과 뜻을 같이하자고 설득하기 위해 일관성 있는 비전을 제시한다. 또 협업을 유도하는 급진적인 목표에 관해 이야기하는 것도 좋아한다. 그의 '파괴적' 사고방식을 잘 보여주는 예가 '화성 식민지' 건설 계획이다. 테슬라에서 일하는 사람들은 단순한 임무를 부여받았을 때조차 그것이 인류를 구하기 위한 계획의 일환이라는 느낌을 받는다. 테슬라의 문을 통과해 들어가면 자신이 기업의 연구소가 아니라 괴짜들의 집합소나 실험실에 와 있다는 인상을 받는다.

일론 머스크의 커뮤니케이션 방식은 '스토리'와 '메이킹'의 균형을 맞추는 구체적인 행동으로도 실현된다. 일론 머스크는 자신의 회사가 시작하는 모든 신규 프로젝트에 개인 투자자로 참여한다. 시장의 요구에 대응하기 위한 통상적인 목표보다 훨씬 더 높은 목표로 프로젝트를 이끌어가려하기 때문이다. 예를 들어 그는 '자동 돌출형 도어 핸들'이나 '비디오 게임용 디지털 스크린이 장착된 중앙콘솔' 등을 개발함으로써 시장보다 훨씬 앞서서 사용자 니즈를 선도하고자 했다.

일론 머스크는 테슬라가 개발하는 모든 것이 시장의 예상을 뛰어넘기를 바란다. 그는 중요해 보이지 않는 일에서도 완벽을 추구하는데, 이것은 스티브 잡스Steve Jobs의 특징이기도 했다. 일론 머스크는 자신이 생각하기에 필수적인 영역에서 기본적인 업무를 수행하는 것으로 모범을 보이고자 한다. 스페이스X의 수석엔지니어가 전한 일화에 따르면, 일론 머스크는 자질이 부족하다고 판단되는 책임자들을 해임하고는 자신이 직접 프로젝트를 맡아서 체계적으로 진행하기도 했다.

또 일론 머스크는 최고경영자로서 회사 외부와의 커뮤니케이션에 많은 부분을 담당하고 있다. 그의 '스토리 메이킹'은 테슬라주의의 핵심 요소이며, 테슬라를 세계에서 가장 매력적인 기업 중 하나로 만들어주었다. 덕분에 테슬라는 인재 영입 경쟁이 치열한 실리콘밸리에서 최고의 인재들을 끌어들이고 있다. '미국 대학생이 좋아하는 기업' 순위에서 6위를 차지한 테슬라를 제외하고 상위 50위권에 들어간 자동차 제조업체는 없다. 테슬라의 마케팅 예산은 주요 경쟁사들에 비해 40퍼센트 낮다. 테슬라 고객들은 충성도 높은 커뮤니티를 구성하고 있으며, 제품 개발 단계가 완료되기도 전에 크라우드 펀딩을 통해 자금을 지원한다.

외부와의 커뮤니케이션에서 상당한 매력과 대담함을 보여주는 것과 달리, 내부에서는 비판적인 평가 과정과 고된 업무량 강요 등으로 구성원들을 압박하는 경영 스타일을 보여준다. 이중적으로 보일 수 있는 일론 머스크의 이러한 성향은 테슬라의 매력에 끌려 입사했던 고위 관리자들의 퇴사율이 높은 이유가 된다. 테슬라 직원들은 엄청난 압박을 받으며 일하지만, 급여는 해당 지역의 평균치에 미치지 못한다. 의견 차이를 잘 용납하지 않는 분위기 역시 직원들이 쉽게 떠나게 하는 요인이다. 일론 머스크의 관점에서 훌륭하다고 판단되는 몇몇 관리자들은 빠르게 승진할 기회를 얻지만, 그들의 역량은 곧 한계에 달한다. 결국 그 어느 때보다 전문 역량이 필요한 테슬라는 외부에서 적극적으로 인재를 영입할 수밖에 없다.

알피테크놀로지 사례:
CEO의 비전과 추진력

알피테크놀로지ALFI Technologies는 엔지니어링, 핸들링 라인 제조, 자동화 생산 솔루션 설계 전문 기업이다. 2009년부터 이 회사를 이끌면서 활력을 불어넣고 있는 얀 자베르Yann Jaubert의 이야기는 '스토리 메이킹'이라는 비전을 매우 잘 보여주는 사례이다. 해당 분야가 급격한 변화를 겪는 상황에서, 자베르는 사업 초기에 경쟁 우위를 점하고 승리를 거둘 수 있었던 주요 전략으로 눈을 돌렸다. 디지털화와 강력한 추진력 덕분에 고객과 직원의 관점에서 보는 기업의 이미지는 꾸준히 개선되었다. 처음부터 자베르는 혁신 추진력의 체계적 측면에 초점을 맞추었다. "가장 중요한 것은 우리가 함께 이런 멋진 시간을 경험하고 있다는 것입니다."

혁신 비전을 공유하는 운명 공동체

변화를 위한 첫 번째 전략은 단순한 기계 제조와 판매를 뛰어넘는 일관된 비전을 설정하는 것이었다. "만약 젊은 졸업생들에게 유능한 자동화 기술자를 찾고 있다고 말하면 아무도 일하러 오지 않을 겁니다." 그는 변화 과정에서 새로운 고객을 만나고, 장기 고객을 유지하고, 젊은 인재를 영입할 수 있었던 것은 다음의 세 가지 요인이 있었기 때문이라고 말했다.

첫째는 회사를 유사한 운영방식과 미션에 의해 움직이는 독립체들로 구성된 조직이자, 미래의 혁신 비전을 공유하며 서로를 고무시키는 운명 공동체로 설정하는 것이다. 둘째는 직원들이 일상에서 알아차리지 못하면 메시지를 통해서라도 우리가 디지털 혁명으로 가는 과정에 있다는 사실을 이해시키는 것이다. 셋째이자 핵심이 되는 요소는 기술적인 진보를 선도하는 것이다.

알피테크놀로지는 '가상공장virtual factory'이라는 개념 덕분에 다양한 사업 부문의 통합을 바탕으로 훨씬 더 민첩한 설계와 핸들링 라인 생산이 가능했다. 이를 통해 혁신적인 서비스를 제공하여 제조원가가 낮은 국가에서 활동하는 경쟁사들과 차별화를 이룰 수 있었다.

리더가 먼저 기술을 이해해야 하는 이유

이러한 노력들은 신기술 전반을 이해하여 현명하게 전략을 설정하고 파트너를 선택하는 리더의 추진력이 있었기에 가능했다. 자베르는 인공지능을 익히고, 자신의 회사와 함께 일할 스타트업을 선택하고, 제품 콘셉트 테스트 계획을 그들과 함께 진행했다. 새로운 기술이나 제품의 개발은 언제나 불확실성이라는 위험 요소를 안고 있기 때문에 리더의 역할이 특히 중요하다. "스타트업은 훌륭한 아이디어를 가지고 있지만, 그것을 실현할 명확한 비전을 가진 경우는 매우 드뭅니다. 모든 데이터가 마법은 아니며, 아무리 강력한 데이터라 하더라도 그 자체로는 충분하지 않아요. 여전히 전문가의 역량이 혁신적인 솔루션 개발의 핵심입니다." 전문가의 역량은 또한 전체 사업 부문에 걸쳐 통합되고 훈련되어야 한다. "가령 성공하려면 열 명의 데이터 과학자를 경쟁사보다 빨리 영입하면 된다고 생각한다면 큰 오산입니다. 이 경우 가장 먼저 해야 할 일은 리더가 데이터 과학에 대해 제대로 이해하는 것입니다. 그래야 전문가 역량을 활용해 서로 다른 비전과 아이디어를 실험해볼 수 있습니다."

리더가 직접 만들어가는 기업 생태계

미래 기술을 이해하고 혁신적인 아이디어를 실험하기 위해 올바른 전략을 찾는 것이 매우 중요하다. 그런데 이 전략은 생태계와 연계되어 있어야만 비전의 진화와 더불어 지속적인 지원을 받을 수 있다. 자베르는 예전과 달리 기업 생태계가 매우 역동적으로 변화한다는 점을 주목해야 한다고 강조한다. 오늘날 혁신적인 기업의 리더들은 각자 자신만의 생태계를 만들고 트렌드를 탐색하기 위해 소셜 미디어를 이용하는 경우가 많다. "저는 소셜 미디어를 통해 회사 비전에 대해 상당히 많은 이야기를 하고 있으며, 그런 점에서 언론인이라고 할 수도 있습니다. 저는 매일 소셜 미디어를 통해 많은 피드백을 받고 있습니다. 그것은 저의 중요한 역할이면서 연구 과제이기도 합니다."

알피테크놀로지의 생태계는 회사 설립 이래 계속해서 크게 진화해왔다. 자베르는 그것을 이렇게 설명한다. "10년 전에 저는 주로 로봇 제조업자들에게 둘러싸여 있었습니다. 요즘에는 혁신 스타트업을 방문하러 나갑니다. 우리가 항상 새로운 아이디어를 찾는 통로는 이런 지속적인 고객과의 만남과 토론입니다. 이것은 모두가 생태계의 변화에 적응하도록 돕는 방법입니다."

초기의 성공 경험으로 동기를 부여하기

알피테크놀로지의 전략적 계획에서 첫 번째 목표는 분명한 수익성 보장이었기 때문에, 아무리 뛰어난 아이디어를 갖고 있다 할지라도 그것만으로는 충분하지 않았다. 신기술 개발을 담당하는 팀에서도 이를 잘 알고 있었다. 그래서 이들에게 동기를 부여하는 한 가지 핵심은 '개념증명POC'을 통해 구체적인 성과를 빠르게 공표하는 것이다. 개념증명이란 시장에 내놓으려는 어떤 제품이나 솔루션이 특정 문제를 해결하거나 목표를 달성할 수 있다는 것을 증명하는 과정을 의미한다. 특히 스타트업에서 아직 시장에 나오지 않은 신제품에 대한 사전 검증 혹은 신기술 도입의 적합성 검토를 위해 많이 사용한다. 개념증명에 성공하면 개발팀은 크게 자신감을 얻고 동기를 부여받을 수 있다. 자베르는 이에 대해 이렇게 설명한다. "큰 목표를 달성하기 위해서는 초기에 성공을 경험해보는 것이 매우 중요합니다."

알피테크놀로지는 무역박람회에서 '가상 공장'의 개념증명에 성공한 덕분에 새로운 고객인 독일 대형 유통그룹을 만날 수 있었다. "놀랍게도 그들이 찾아와서 우리의 장비들을 둘러본 후 그 자리에서 함께 일해보자고 말했습니다. 그들은 결국 기계를 주문했습니다. 대개 독일을 제4차 산업혁명을 이끄는 국가로 생각하기 때문에, 우리가 이런 고객을 만날 수 있다는 점에 굉장히 놀랐습니다."

모듈성, 데이터 그리고 디지털 플랫폼

알피테크놀로지의 성공은 주로 디지털 시뮬레이션에 기반을 두고 있다. 이는 기업이 혁신적인 서비스를 지속적으로 판매하면서도 설계에서 유통 단계까지 빠르게 발전할 수 있는 플랫폼이다. 기존에는 작업 라인을 설계하는 데에 보통 수개월이 걸렸지만, 이 플랫폼 덕분에 전체 공정에 들어가는 시간과 비용을 현저히 줄일 수 있었다.

가장 중요한 건 잘 정리된 모듈화 정책이었다. 자베르는 각각의 혁신을 플러그인plug-in으로 생각했다. 컴퓨터 시스템에 추가하여 기능을 확장할 수 있는 소프트웨어인 플러그인처럼, 각각의 혁신이 추가됨으로써 기능이 확장되고 문제없이 돌아가게 하려면 '모듈화'가 매우 중요한 전제 조건이었다. 따라서 알피테크놀로지의 향후 주요 도전 과제는 공업용 기계 제조 가치사슬 전체에 걸친 데이터 수집 및 활용이라는 측면에서 확고한 위치를 구축하는 작업이 될 것이다. "오늘날 이 분야에는 보쉬, 제너럴 일렉트릭, 지멘스 등을 필두로 많은 대기업이 포진해 있습니다. 누구나 자신만의 플랫폼을 만들어 없어서는 안 될 존재가 되고 싶어 합니다."

미래의 산업은 더욱 민첩하고 지능적으로 진화할 것이다. 그리고 이 과정에서 중요한 역할을 하는 것은 결국 사람이므로, 미래의 공장에서 인간의 역할에 대한 논의도 매우 중요하다. "구성원들에게 끊임없이 영감을 주는 비전을 잘 전달하는 과정이 꼭 필요합니다. 요즘에는 어떤 산업 분야든 일이 너무 빨리 진행되기 때문에 역량과 문화의 변화가 기술의 변화를 따라가는 데 어려움을 겪을 수 있기 때문입니다."

최근 몇 년간 알피테크놀로지는 스토리 메이킹을 통해 기존 고객들을 다시 불러들이는 데에 성공했다. 또 자베르는 역동적이고 혁신적인 이미지를 구축하기 위해 디지털 혁명을 이용하는 기업의 일원이라는, 직원들의 자부심도 회복시켰다. "우리는 자본 접근이 더 쉬운 미국이나 아시아 기업들과 같은 무기를 갖추지는 못했습니다. 그러나 전통 사업 분야에서 경쟁력을 유지하는 한편, 직원들의 혁신 능력을 동원하여 실질적인 차별화를 실현하고 있습니다."

제5원칙-스토리 메이킹: 리더를 위한 10가지 질문

01. 회사의 비전과 미션, 경영 전략을 설명하는 데에 충분히 시간을 할애했는가?

02. 회사의 비전은 최고의 인재를 끌어들이고 충성고객을 만들기에 충분히 혁신적이고 고무적인가?

03. 회사의 비전과 메시지를 직원들에게 전달하고 직접적인 피드백을 받을 수 있는 채널이 열려 있는가?

04. 회사의 비전이 금융 파트너, 정부 기관 등 주요 네트워크에 명확하게 전달되었는가?

05. 회사 내부에서 하나의 중요한 미디어로서 충분한 역할을 하고 있는가?

06. 잘 정리된 프로필을 갖고 있으며, 각종 온라인 커뮤니케이션 채널을 정기적으로 정비하고 있는가?

07. 현장팀과 충분히 시간을 보내고 제품 개발 및 제조에 참여하고 있는가?

08. 혁신 프로젝트를 이끄는 책임자가 성과를 낼 수 있도록 적절히 개입하는가?

09. 회사의 신기술과 핵심 사업에 대해 모든 직원과 이야기하고 빠르게 올바른 결정을 내릴 수 있는가?

10. 현장에서 벗어났을 때도 여전히 회사의 전략과 목표를 명확하게 설명하고 동기를 부여할 수 있는가?

스타트업 리더십

경영 시스템의 수평화

Summary

◆ 스타트업 리더십은 창의성, 주도권, 집단지성을 독려하여 현장의 각 팀이 자율성과 책임의식을 갖도록 하는 경영 태도이자 수평적 경영 시스템이다.

◆ 스타트업 리더십의 목표는 리더가 창출한 혁신 에너지가 조직 전체에 스며들고, 모든 구성원이 스토리 메이킹에 부합하게 행동하도록 만드는 것이다.

◆ 미래의 리더는 실천가이자 도전자, 코치이자 액셀러레이터로서 더 많은 역할을 맡게 될 것이다.

새로운 리더십을 위한 스타트업 정신

앞장에서는 제4차 산업시대에 조직 전체에 활력을 불어넣기 위한 스토리 메이킹과 리더에게 요구되는 역량에 대해 살펴보았다. 스타트업 리더십은 리더가 창출한 혁신적 에너지가 조직 전체에 전달되고 유지되도록 하는 데에 매우 중요한 요소이다. 스타트업 리더십을 통해 리더는 조직 구성원들이 비전과 미션에 부합하는 방향으로 일하도록 장려할 수 있다. 또 정기적인 코칭으로 책임의식을 고취하여 더 큰 창의성과 주도성을 발휘하도록 할 수 있다. 스타트업 정신의 핵심은 사람들에게 영감을 줄 수 있는 프로젝트를 중심으로 유연한 피드백 구조를 갖춤으로써, 긍정적인 에너지를 재창조하고 모든 구성원이 함께 성장하는 것이다.

다만 제조업계의 경우 스타트업 정신만으로는 부족하다. 이에 대해 구성원 모두가 집단지성을 창출할 수 있도록 전면적이면서 일관된 시스템을 확보하는 것이 필수이다. 〈인더스트리 위크Industry Week〉에 실린 한 연구 결과를 보면, 미국의 제조업계 리더들은 매력적인 기업을 구성하는 세 가지 요소로 리더십 스타일, 성과 측정, 역량 개발 훈련을 꼽았다. 즉 스타트업 정신을 바탕으로 한 새로운 형태의 리더십이 조직 전체에 걸쳐 작동하려면 조직 구조, 권한과 책임, 성과 측정, 문제해결 방법, 목표관리 등이 포함된 새로운 조직 운영체제가 동반되어야 한다.

톱다운 운영체제에서 보텀업 운영체제로

20세기 초 현대 제조업은 에두아르 미슐랭Édouard Michelin이나 헨리 포드Henry Ford와 같은 위대한 몽상가들을 중심으로 크게 성장했다. 그들은 큰 조직에 강력한 동기를 부여하는 탁월한 비전과 능력으로 각자의 분야에 발자취를 남겼다. 그들이 사용한 경영 시스템은 '톱다운top-down'의 피라미드식이었으며, 모든 의사결정은 최고경영진 외에 운영 표준을 개발하는 기술자 그리고 이를 적용하는 운영팀에 의해 이루어졌다.

1960년대 이후에는 도요타 시스템이 이 모델을 근본적으로 바꿔놓았다. 당시 도요타의 직접적인 경쟁자들이 믿었던 것과는 달리, 도요타가 경쟁 우위를 차지할 수 있었던 주요 요인은 현장의 생산 시스템 그 자체가 아니라 이를 회사의 비전과 연계되도록 하는 혁신적인 조직 운영체제에 있었다. 도요타 시스템은 기업의 경영진이 아닌 두뇌 집단에서 해결책을 찾아내는 임무를 맡는 '상향식bottom-up' 개선에 의존했는데, 이것은 나중에 '지속적인 개선'을 뜻하는 카이젠kaizen으로 정리되었다.

카이젠 시스템에서는 운영체제의 역할이 확연히 달라졌다. 그 이유는 구성원 각자가 문제해결에 기여하도록 하기 위한 새로운 문제해결 시스템과 조직관리 역량이 필요했기 때문이다. 도요타 시스템에서는 대부분의 블루칼라 직원들이 운영체제의 개선에도 관여했으며, 이는 모든 조직 구성원이 혁신 활동에 참여함으로써 지속적인 개선이 이루어지도록 한다는 '카이젠주의kaizenocracy'의 일부분이 되었다.

제2차 산업혁명을 지배했던 포드주의와 그 후계자인 도요타주의의 공통점은 견고한 생산 시스템을 갖고 있었다는 점 그리고 이 시스템의 기본 원리에 부합하는 운영체제를 필요로 했다는 점이다. 좀 더 구체적으로 예를 들면, 도요타주의는 매 단계에서 성과를 측정하고 각 성과를 세심하게 검토하는 운영체제를 필요로 했다. 그래서 관리자들은 현장에서 많은 시간을 보내며 성과를 직접 확인했고, 경영진이 문제해결에 관여할 수 있도록 매일 회의를 준비해야 했다. 이러한 과정을 바탕으로 경영진은 현장의 팀들이 최선을 다하도록 지원할 수 있었다. 이러한 운영체제에서 문제해결이 올바른 과정을 통해 이루어지고, 그 과정과 해결책이 조직 전체에 적용되도록 하려면 현장 관리자의 태도와 역할이 무엇보다 중요했다. 관리자들은 팀원들의 참여를 독려하기 위해 솔선수범하는 모습을 보여야 했고, 최선의 해결책을 만들어낼 수 있도록 팀원들의 역량을 개발하고 지속적인 코칭을 제공하는 데에 집중해야 했다.

도요타 시스템의 운영체제는 포드주의가 채택한 운영체제에 비해 훨씬 개방적이었다. 공급업체와 협력업체의 긴밀한 협업을 보장함으로써 더욱 광범위한 표준화를 달성해, 적시생산 시스템의 효과를 극대화한다는 도요타주의의 원칙에서도 이를 확인할 수 있다. 하지만 운영체제의 지원 기능이 기술적인 발전과 더불어 전문화되면서 부서 이기주의를 부추기는 결과를 낳기도 했다. 물론 이는 생산 시스템 전체에 지원 서비스를 제공한다는 운영체제 본래의 사명에서 벗어나는 것이었다.

스타트업 리더십의 네 가지 혁신 과제

몇 가지 큰 기술적·사회적 변화들로 인해 20세기를 풍미했던 두 시스템의 일부 혹은 전부에 대한 의구심이 생기기 시작했다. 먼저 젊은 세대들은 스타트업 정신을 장려하는 '사내기업제intrapreneurship'의 여지가 거의 없었던 하향식 피라미드 구조에 불편함을 느꼈다. 구성원들이 조직 외부와 실시간으로 소통할 수 있게 된 것도 그러한 의식 변화에 영향을 미쳤다. 이전에는 조직 내 권력이 지원 기능을 담당하는 대규모 관리본부나 고위 경영진에 의해 상당 부분 독점되는 경향이 있었다. 하지만 지금은 대부분의 권한이 현장 부서에 위임되었기 때문에 정보나 데이터 역시 밑에서 위로 올라오는 구조로 변화했다. 이에 따라 리더십과 운영체제 역시 정보 및 데이터 교환을 더욱 가속화하는 형태로 변화해야 했다.

정보와 데이터가 더욱 빠르게 교환되도록 하고 이를 효과적으로 활용하기 위한 유일한 해결책은 경영진에 집중되었던 의사결정 권한 대부분을 현장의 각 팀에 위임하는 것이었다. 가치사슬이 통합된 현재의 조직 구조에서 현장의 각 팀은 협력업체, 공급업체, 고객들과 실시간 연결될 수 있어야 하므로, 신속한 의사결정 구조는 반드시 필요했다.

현장의 각 팀에 더 큰 자율권과 책임의식을 부여하는 것은 스타트업 리더십의 중요한 문제이며, 목표는 조직의 모든 구성원이 리더의 비전을 담은 스토리 메이킹에 부합하게 행동하도록 만드는 것이다. 그러나 이를 위해서는 먼저 네 가지 혁신 과제를 해결해야 한다.

디지털 전환에 따른 정보 흐름의 가속화

첫 번째 혁신은 디지털화를 통해 신규 제품이나 서비스의 평가와 관련된 정보들이 빠르게 공유되고 통합되도록 하는 것이다. 디지털화를 통해 각종 현장 정보가 경영진이나 운영팀에 신속하게 전달되고 있다. 불량 발생을 예방하기 위한 안돈 시스템이 디지털로 전환되면서 품질 문제 역시 실시간으로 확인이 가능해졌다. 디지털 정보 시스템은 품질 문제에 대한 경고를 포함해 현장의 정보들이 필요한 역량을 갖추고 올바른 의사결정을 할 수 있는 사람에게 전달되도록 해준다.

관리자들의 현장 방문도 디지털로 전환됨에 따라 현장에서 발생하는 문제들에 대한 실시간 대응이 가능해졌다. 이는 문제가 발생했을 때 관련 정보를 다른 계층과 직능 분야의 사람들에게 빠르게 전달하고, 이에 따라 필요한 의사결정이 신속하게 이루어지는 결과도 낳았다. 오늘날의 관리자들은 매일 '디지털화된' 현장 방문을 통해 구성원에게 더 높은 목표를 갖도록 동기를 부여할 수 있으며, 성과를 검토하고 측정하는 데에도 많은 도움을 받고 있다.

사물인터넷을 통해 기계로부터 전송되는 정보가 더욱 정확해짐에 따라 문제해결 속도 역시 빨라졌다. 데이터 분석도 더욱 효율적으로 이루어져 문제해결을 담당하는 팀이 해야 할 일에 대해서도 더욱 명확해졌다.

그림 2.12 스타트업 리더십 시스템

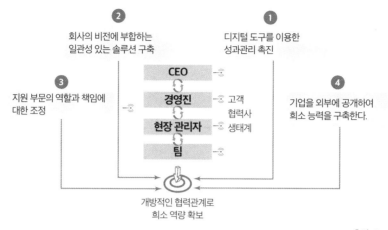

출처: Opeo

조직 전체가 공유하는 디지털 운영 도구를 이용해 각 팀에 주의사항을 전달하고 구체적인 조치를 취하도록 하는 것 역시 가능하다. 또 디지털화는 고객들이 제품 주문이나 서비스 요청 관련 정보를 직접 변경하여 관련 직능 분야에 전달되도록 함으로써 지원 부문의 업무 과부하를 피할 수 있게 해주었다. 협력업체, 공급업체와의 정보 공유도 확대되어 장기적인 수요를 명확하게 파악할 수 있게 되었고, 이는 생산 공정 전체의 효율성과 투명성을 높여주었다.

조직 전체의 일관성을 보장하는 통합 솔루션

두 번째 혁신은 회사의 통합 솔루션을 구성하고 설계하는 설계자인 '아키텍트architect'의 역할에 대한 설정이다. 가장 중요한 것은 조직 전체의 운영과 문제해결 과정에서 일관성 있는 비전과 목표를 유지할 수 있는 통합 솔루션을 설계하는 것이다. 오늘날 수많은 디지털 솔루션이 존재하지만, 특정 기업의 상황에 잘 맞는 통합 솔루션을 찾는 것은 쉬운 일이 아니다. 이것은 솔루션을 제공할 수 있는 협력업체에 대한 지속적 관찰을 포함해 광범위한 트렌드 탐색이 이루어지지 않으면 거의 불가능한 일이다. 디지털화만으로 문제가 해결되는 것은 아니라는 의미다. 그렇기 때문에 솔루션 설계자인 아키텍트의 역할이 중요하다. 오늘날 아키텍트에게는 디지털 기술과 운영체제에 대한 전문지식의 융합이 필요하고, 또한 일관성 있는 혁신 활동이 가능하도록 하는 변화관리 능력도 요구된다.

진화하는 지원 부문의 기능과 역할

세 번째 혁신은 지원 부문의 기능과 역할에 관한 것이다. 현장의 각 팀에 더 높은 자율권과 책임의식을 부여하려면 지원 부문의 기능과 역할에 상당한 변화가 필요하다. 예를 들어, 현장 부서에서 직접 인재 채용과 관리를 진행한다면 그 최종 결과가 회사의 인적자원관리HRM 정책과 부합할지 그리고 조직 전체의 인사관리 기능을 담당하는 부서 책임자에게 어떤 영향을 미칠지 알 수 없다. 오늘날 인적자원관리라는 지원 기능은 문제해결을 위한 처방보다는 예방에 중점을 둔 기능으로서 조직 전체 운영의 통일성을 보장하는 방향으로 진화하고 있다.

지원 부문의 기능과 역할이 진화해야 할 두 번째 이유는 기계 운영자들이 디지털 인터페이스를 통해 모든 회사 시스템에 연결되어 기술, 설계, 품질, 물류 부서의 정보에 직접 접근할 수 있게 되었기 때문이다. 오늘날 기계 운영자들은 대부분의 데이터를 지원 부서의 개입이나 중개 없이 각 부서에 요청할 수 있고, 혹은 최종 소비자로부터 직접 얻을 수도 있다. 이러한 변화로 지원 부문의 종사자들은 정보를 전달하고 운영하는 '표준'을 설정하는 업무를 더 이상 하지 않게 되었다.

디지털화로 인해 문제 발견은 비교적 빨라졌지만, 그 문제를 해결하는 속도를 높이기 위해서는 여전히 노력이 필요하다. 이는 지원 부문에서 디지털 도구로의 전환은 물론이고 그에 따른 전반적인 역량과 사고방식의 변화 역시 필요함을 의미한다. 디지털화에 따른 변화에 발맞추어 스스로 필요한 역량을 확보하고 진화하지 않으면 업무가 과도해지거나 완전히 없어지는 위험에 처할 수 있다.

외부와의 협력을 통한 희소 역량 활용

네 번째로 기업 외부 파트너들과의 협력 관계에 개방적이어야 한다. 현장에 코칭을 제공하고자 하는 리더들은 우선 협동 로봇이나 3D 프린팅 같은 신기술의 영향력을 이해할 수 있어야 한다. 그러려면 지속적인 교육과 훈련도 중요하지만, 외부의 클러스터나 연구센터 등과의 협력도 필수적이다. 문제는 일부 기업들이 내부에서 혹은 주변 생태계에서 필요한 '역량'을 가진 파트너를 찾는 데 어려움을 겪는다는 점이다. 광범위한 디지털화에 휩쓸려 상대적으로 희소 자원이 된 데이터 과학자들이 좋은 예이다. 따라서 희소한 역량을 공유하고 장기적 관계를 구축할 수 있는 파트너를 찾는 일이 무엇보다 중요하다.

스타트업 리더십이 요구하는 리더의 역할

지속적인 개선을 위해 상향식 운영체제로 전환하는 과정에서 가장 중요한 전제 조건은 리더의 생각, 태도, 행동이 변화해야 한다는 것이다. 미래의 리더들은 그림 2.13에서 보듯이, 행동가, 도전자, 코치, 액셀러레이터라는 서로 다른 역할을 동시에 수행할 수 있어야 한다. 여기에 트레이너와 정찰병으로서의 역할도 접목해야 한다. 트레이너로서 리더는 현장 각 팀의 역량 개발에 직접 관여하며, 정찰병으로서 리더는 회사의 가치와 비전을 탐색하고 이를 조직 전체에 전파하는 역할을 수행한다.

스타트업 리더들은 우선 '코치'로서 코칭을 통해 미래의 기술적 역량과 대인관계지능에 필요한 인적 역량을 개발한다. 그들은 팀에 자율권을 부여하여 더 많은 잠재력을 발휘할 수 있게 한다. 이러한 행동방식은 '시험 후 학습'이 장려되고 실수할 권리가 인정되는 현장의 사고방식으로 뒷받침된다. 또 여기에는 팀과의 일상적인 상호작용에서 호기심을 느끼고 도와주려는 태도도 포함된다.

코치로서 리더들은 현장에서 만나는 팀원들에게 건설적인 피드백을 통해 의견을 제시한다. 이를 위해 리더들은 팀원을 적극적으로 관찰하는 데에 특별히 시간을 할애하며, 보통 현장에서 보내는 시간의 30퍼센트를 여기에 사용한다. 또 적절한 피드백을 제시하기 위해 리더들은 최신 기술과 지식을 습득하는 데에도 적잖은 시간을 사용한다.

그다음에 '도전자'로서의 리더들은 지역을 기반으로 일하지만 글로벌한 사고방식을 갖추고 있어서 대담한 목표를 향해 뛰어든다. 또 다양한

그림 2.13 스타트업 리더의 네 가지 역할 모델

트레이너

정찰병

실천가
'비전과 현장의 연결'

코치
'역량 개발, 피드백'

도전자
'교차 직능, 공동 이익'

액셀러레이터
'문제해결, 의사결정'

출처: Opeo

직능 분야를 넘나들며 상생의 해결책을 이끌어내고, 가치사슬 전체에 걸쳐 각 작업에 대한 성과를 검토하고 적극적으로 평가하는 역할을 한다. 이들은 특히 조직 내부 및 외부의 모든 데이터가 조직 시스템 전체에 유동적으로 공유되도록 함으로써 공동의 이익을 도모하는 책임을 진다.

스타트업 리더들은 훌륭한 '액셀러레이터accelerator' 역할도 수행한다. 본래 액셀러레이터는 창업 초기의 스타트업이 빨리 성장 궤도에 오를 수 있도록 투자와 멘토링을 지원하는 프로그램을 이르는데, 스타트업 리더들은 주로 문제의 근본 원인을 찾고 체계적으로 개선할 수 있도록 지원하는 역할에 집중한다. 그들은 데이터와 사실에 근거해 의사결정을 하며, 일상적인 대응성을 극대화하여 의사결정이 지연되지 않도록 한다. 좀 더 일반적으로는 인내심이 매우 강하고 관성의 원천과 싸우는 데 끊임없이 에너지를 사용한다.

스타트업 리더는 행동하는 '실천가'이기도 하다. 스토리 메이킹과 더불어 자신의 비전이 현장에서 벌어지는 여러 일과 어떻게 연결되는지, 또 그것들을 어떻게 통합하는지 매일 행동을 통해 보여준다. 이는 기업의 가치와 비전이 현장 팀원들의 일상적인 경험으로 어떻게 전환되고 있는지에 대한 지속적인 관찰을 통해 이루어진다. 실천가로서의 리더는 현장에서 많은 시간을 활동하며 매우 개방적이고 언제나 배우고자 하는 태도를 보인다. 디지털화가 실질적인 전략이나 실행 계획과 동떨어지는 위험성을 파악하고 이를 예방하는 것 역시 실천가들이 맡은 임무이다.

테슬라의 교훈:
최고를 추구하는 열정과 완고함
───

일론 머스크의 리더십이 가진 대표적인 특징 중 하나는 구세계와 신세계의 완벽한 융합이다. 선견지명이 있는 지도자이자 코치로서, 그는 심각한 위기가 다가오더라도 항상 집중력을 유지한다. 이런 이유로 비록 그의 프로젝트 일부가 정상 궤도에서 벗어나고, 스스로 발표한 일정을 맞추지 못하는 경우가 생기더라도 그의 팀과 투자자들은 안심할 수 있다. 물론 그에게 더 중요한 것은 에너지와 행동으로 보여주는 추진력이다. 일론 머스크는 항상 사람들에게 '열정적'이 될 것을 강요한다.

일론 머스크는 사람들에게 도전적인 상황을 만들어주는 것을 즐긴다. 또 어떤 경우에든 '아니오'를 좋은 답으로 생각하지 않는다. 제품의 기능이나 고객 서비스와 관련된 결과를 요구할 때에는 한 치도 물러서는 법이 없고 믿을 수 없을 만큼 완강하다. 테슬라가 제품 차별화에 성공할 수 있었던 것은 최고경영자의 엄청난 요구와 추진력 덕분이라 해도 과언이 아니다.

일론 머스크의 이런 완고함은 비전을 통해 영감을 주는 능력으로 상쇄된다. 그는 자신의 '제1원칙' 사고법을 사람들에게도 적용하기 때문에 늘 근본적인 원인에 관한 질문을 던지곤 하는데, 이것 때문에 테슬라에서 일하는 사람들은 늘 까다로운 도전을 받는다. 동시에 그들은 일론 머스크의 비전과 미션을 함께 추구하며 최고급 제품을 생산하는 것을 매우 자랑스럽게 생각한다.

일론 머스크는 매우 훌륭한 액셀러레이터이며 도전자이기도 하다. 그는 서로 다른 직능 분야의 팀원들을 하나로 모으기 위해 노력한다. 테슬라의 IT 기능은 그들의 가치사슬 전체에 분산되어 있는데, 이는 블루칼라 직원들과 화이트칼라 직원들이 매일 함께 일할 수 있도록 하기 위해서이다. 테슬라에서는 미국 명문대를 졸업한 실리콘밸리의 괴짜들이 용접공과 함께 일하고 있다. 이것이 모든 문제해결과 의사결정이 유기적으로 신속하게 이루어지는 비결이다. 덕분에 다른 자동차 제조업체에서는 보통 4년이 걸리는 충돌 테스트를 모델3의 경우는 개발된 지 1년도 채 되지 않은 시점에 할 수 있었다. 시장 출시 기간을 단축하는 이런 능력은 일론 머스크의 리더십 스타일과 '제1원칙' 사고법으로 더욱 강화되었다. 그는 다른 자동차 제조업체에서는 일반적인 표준으로 여기는 일정, 절차, 제약 조건 등에 항상 도전한다.

코치이자 실천가로서 일론 머스크는 언제나 수평적 행동방식을 장려

한다. 그는 공장의 생산 현장에서부터 기술 개발 부서에 이르기까지 테슬라의 조직과 시설 곳곳을 끊임없이 돌아다니며 매일같이 도전하는 팀들과 직접 만나는 것을 좋아한다. 그의 직속 경영팀도 수평적으로 행동할 것을 주문받는다.

티센크루프 사례:
리더는 질문을 받는 사람이다
———

티센크루프 프레스타 프랑스ThyssenKrupp Presta France는 높다란 굴뚝과 어마어마한 용광로가 모여 있는 공장 지대의 한가운데에 자리 잡은 초현대식 공장을 운영하고 있다. 자동차 부품업계에서, 특히 스티어링steering 분야에서 글로벌 선두자리를 차지하고 있는 이 회사는 유럽을 비롯해 전 세계 유명 브랜드와 협력하는 공급업체로서 최고의 명성을 누리고 있다. 전 세계 자동차 네 대 중 한 대가 티센크루프의 스티어링을 사용하고 있을 정도이다.

티센크루프의 이 프랑스 공장은 원래 자동화 라인을 이용해 주로 냉간압조cold heading 사업을 하였으나, 장기적 비전을 갖고 사업 모델을 발전시킨 결과 지금은 스티어링과 피니언기어 분야에서 괄목할 만한 성과를 올리고 있다. 이 공장은 티센크루프 내에서도 벤치마크 대상으로 자주 언급되는데, 이는 효율적인 현장과 탄탄한 운영 덕분이다.

리더십을 중심으로 하는 혁신 계획

공장의 이사인 니콜라스 자크Nicolas Jacques는 "리더에게 위대한 업적이란 자신의 팀에게 질문을 받는 것"이라고 말했다. 다시 말해, 팀원이 리더인 자신과 다른 해결책을 생각해내는 것이야말로 리더의 중요한 업적이라는 것이다. 생산 부문 라인책임자인 마티유 피아크르Mathieu Fiacre와 운영책임자인 상드린느 트로뇽Sandrine Trognon 역시 자신들이 기억하는 팀의 성과에 관해 이야기하며 비슷한 생각을 밝혔다. "당시 우리 팀은 똘똘 뭉쳐 한 방향으로 흘러갔습니다."

자크는 프랑스어로 '표적'을 뜻하는 '시블CIBLE'이라는 혁신 프로젝트의 시작에 대해 이렇게 이야기했다. "프로젝트의 역동성은 언제나 질문에 의해서 생겨납니다. 우리는 미래 산업으로 계속 진화해갈 것이고, 그 계획은 이미 실행 단계에 있습니다. 3년 전에 우리는 생산 부문의 관리자들이 다른 서비스 분야와 전혀 연결되어 있지 않다는 점, 지속적인 개선을 도모하는 사람이 거의 없다는 점을 알게 되었습니다. 그리고 이것이 우리의 장기적인 지속가능성을 저해할 것이라고 확신했습니다. 처음에 우리는 '행동'이 문제라고 생각했어요. 하지만 진단을 통해 사람들의 행동이 개선되더라도 시스템 자체가 모두의 성공을 돕도록 바뀌지는 않는다는 사실을 깨달았죠. 따라서 '시블'의 목표는 관리자들이 새로운 리더십을 통해 자신의 역할과 책임에 충실하면서 동시에 회사의 가치사슬 전반에 걸친 흐름을 주시할 수 있도록 하는 것이었습니다."

구체적인 목표는 불량률을 50퍼센트 줄이고 생산성을 5퍼센트 높이는 것이었다. 그리고 스티어링 제조 분야에서 세계적 기준이 되는 것도 중장기 계획으로 설정되었다. 이러한 목표와 계획은 피아크르와 트로뇽과 같은 현장의 리더들이 수행하는 일상적인 업무에 영향을 미치는 좀 더 세부적인 목표들로 이어졌다. 피아크르는 "시블 계획의 목적은 사소한 문제라도 신속하게 해결해서 기계 성능을 극대화하고, 뒤에 감춰진 문제의 원인까지 모두 찾아내 처리하는 것"이라고 생각했다. 트로뇽은 팀의 협력 목표를 더욱 강조했다. "저에게 시블의 첫 번째 목표는 사람들이 자신의 팀뿐 아니라 다른 팀의 상황도 잘 분석해서 반복적인 행동을 이해하고 연대감을 키우도록 돕는 것입니다."

신속한 문제해결을 위한 경영 시스템의 수평화

자크는 이 프로젝트의 주된 영향이 "팀들이 더 엄격하게 계획에 따라 행동하도록 하는 동시에 행동에서 가시적인 변화가 나타나도록 한 것"으로 생각했다. "처음에는 팀원들의 일상 행동에 회사의 가치를 접목하려는 시도를 많이 했습니다. 가령 '혼자 있는 것처럼 행동하라'와 같은 가치에는, 성과 평가 시간에 늦지 않고 현장 검토 중에 발언하는 모든 사람의 목소리를 적극적으로 경청함으로써 다른 팀원들을 존중한다는 뜻이 담겨 있었습니다. 요즘 제가 현장을 방문해서 가장 큰 만족감을 느낄 때는 모든 업무 절차가 계획대로 잘 지켜지는 모습을 보았을 때입니다. 이는 우리가 더 많은 세부 문제들을 다룰 수 있다는 의미이기도 하니까요."

프로젝트가 미친 그 밖의 영향은 관리자들이 이전보다 더 많은 자신만의 규칙을 정하고 더 많은 자율성과 책임의식을 갖게 된 것이었다. "오늘날 관리자들은 그들이 맡은 부문에 대한 최고경영자의 질문에 대답할 책임이 있습니다. 그리고 독립적인 행동 계획을 수립하거나, 지원 기능과 연계하는 혹은 외부 사람들과 함께하는 행동 계획을 수립할 때에도 자신이 맡은 부문에 대한 책임과 자율권을 바탕으로 일합니다."

이런 행동의 변화는 경영 시스템이 더 '수평화'되면서 나타났다. "상향식 책임 구조에서 관리자들은 자신이 문제를 해결하는 팀의 일부라고 여기게 됩니다. 관리자들의 이러한 행동 변화는 전체 조직에 기업가정신이 스며들도록 하는 긍정적인 영향을 주고 있습니다." 트로농은 자신이 문제 해결에 더 많이 '관여'하고 있다고 하면서, 고위 경영진이 더 많이 관여할수록 문제를 빠르게 해결할 수 있다고 말했다. "팀원들은 왜 기계가 고장이 났는지, 정비팀은 어디에 있는지와 같은 일상적이면서 작은 질문들에 대해 빠르게 답을 얻고 있습니다. 이건 그들이 훨씬 더 즐겁게 효율적으로 일할 수 있게 해줍니다."

피아크르 역시 다양한 직능 분야가 통합된 데에 따른 협업과 공유 문화를 언급했다. "과거에는 모든 것이 천천히 움직였어요. 하지만 요즘에는 문제가 생기면 바로 눈에 보이고 곧바로 모두가 공유합니다. 그 결과 품질과 납기, 무엇보다 안전에서 실질적인 개선이 이루어졌습니다."

미래의 리더는 '무엇이든 하는 사람'이다

자크는 제4차 산업시대의 리더는 자신이 부대를 어디로 이끌고 가는지 알아야 한다고 말한다. "실천가인 리더들은 앞장서서 정찰하고 군대를 안전하게 지키는 통솔방식으로 팀을 이끌며, 사람들이 자신의 일상적인 업무에서 의미를 찾도록 비전을 심어주는 방식으로 커뮤니케이션합니다.” 그의 견해에 따르면, 리더가 갖춰야 할 중요한 자질 중 하나는 '공감'이다. “다른 사람의 입장이 되어보면, 대부분 상황에서 어떤 문제가 발생할지 예측할 수 있고, 사람들을 쉽게 설득할 수 있습니다. 예를 들면, 예전에는 관리자들이 자원해서 야근할 사람을 찾으라 애를 먹었습니다. 야근이 왜 필요한지 설명하기 어려웠기 때문이죠. 이제는 훨씬 쉬워졌습니다.” 피아크르와 트로뇽은 회사의 고위 경영진이 명확한 비전을 전달하기 위해 최선을 다하고 있다고 말했다. “우리 사장님은 매년 어떤 일이 일어날지, 미래에는 어떤 고객들을 만나게 될지, 생산 공정을 어떻게 개선할지에 대해 말해줍니다.”

회사의 비전이 구체적인 성과로 이어지기 위해서는 리더가 경영 시스템에 활력을 불어넣을 수 있어야 한다. 자크는 기회가 주어졌을 때 주저하는 모습을 보면 안타깝다며 이렇게 말했다. “모든 인간에게는 제약을 뛰어넘으려는 성향이 있습니다. 사람들이 이러한 성향을 따르도록 활력을 주고, 일의 진행 속도를 높여주는 리더의 역할이 중요합니다. 사실 어떤 도전에도 뒤로 물러서지 않고 완전히 자율적으로 일할 수 있는 진정한 능력을 지닌 팀은 그리 많지 않습니다.”

피아크르는 “속도를 높여주는 리더란 우선순위를 정해서 문제를 가능한 한 빨리 해결하려는 사람을 의미한다”고 말했다. 트로뇽은 새로운 리더십의 중요한 속성인 '가속성'은 지난 20년간 끊임없이 이어진 격변 이후 모든 사람이 느끼는 심정을 반영한 것이라고 말했다. “생산 현장에서 일하는 우리의 업무는 정말 빠르게 변했습니다. 똑같은 작업이라도 예전보다 훨씬 빠르게 끝낼 수 있고요. 저는 무엇인가 배울 때 일이 더 즐겁다고 느낍니다. 그래서 이런 상황이 매우 흥미롭습니다. 저는 성공을 위해 필요한 것은 무엇이든 할 수 있다고 말하는데, 이는 변화를 받아들일 준비가 되어 있다는 말입니다."

개인의 역량 개발 문제에 대해 피아크르는 이렇게 설명했다. "역량 개발을 위해 우리는 다른 기업보다 상대적으로 더 많은 노력을 하고 있습니다. 예를 들어, 우리에게는 역할극을 통해 미래의 변화에 적응하게 하는 '어댑트ADAPT 훈련 프로그램'이 있습니다." 자크는 코치로서 리더의 역할은 팀들이 스스로 질문하고 변화를 받아들이게 하는 것이라고 했다. 그는 업무 시간의 20퍼센트를 피드백을 주는 등 역량 개발에 할애하고 있지만, 더 많은 시간이 필요하다고 말했다. 특히 생산 현장에서 많은 이야기를 경청해야 하는데 아직은 부족한 수준이라고 덧붙였다. "궁극적으로는 모든 직원을 돕는 것이 저의 역할입니다. 그렇게 되면 회사의 경영 시스템에서 없어서는 안 될 존재가 되겠지요."

자크를 비롯한 세 사람은 모두 제조업의 미래를 낙관했다. "우리는 계속 변화에 적응할 것이고, 점점 더 생각하는 로봇이 될 겁니다." 미래 공장은 훨씬 자동화될 것이고, 이러한 변화를 주도하는 리더는 언제나 경청하고 솔선해서 변화해야 한다. 그리고 비전과 함께 큰 그림을 보며 팀이 옳은 결정을 내리도록 도와야 한다. 한마디로 미래의 리더는 부서 이기주의를 타파하고 사고방식을 바꿈으로써 모든 도전적 상황에 응답하는 사람이 되어야 한다. 또 글로벌 비전을 갖고 회사의 지원 기능과 정보 공유 시스템, 외부 생태계까지 잘 활용해 회사 전체에 가장 이로운 결정을 내릴 수 있어야 한다. 자크는 이를 위해서는 현장의 팀에 권한을 위임하는 것도 중요하다고 말했다. "권위주의적인 리더의 시대는 이제 끝났습니다. 오늘날 필요한 리더는 책임감이 있으면서도 실질적인 권력을 행사하지는 않는 사람입니다. 권력은 구식이잖아요."

제6원칙-스타트업 리더십: 리더를 위한 10가지 질문

01. 스스로 '신기술'을 익히는 데 충분한 시간을 할애했는가? 조직의 교육 프로그램에 해당 분야가 포함되었는가?

02. 조직 내에서 발생하는 문제와 개선 아이디어를 신속하게 감지하는가? 정보 공유 속도를 높이기 위해 디지털화를 진행했는가?

03. 실시간으로 현장을 방문하고 성과를 검토할 수 있도록 디지털화를 진행했는가?

04. 조직 구성원들이 일상 업무에서 다른 직능 분야와의 연결성, 개방성, 투명성을 높일 수 있도록 지원하고 있는가?

05. 현장의 각 팀이 문제해결에 대한 다원적 접근법을 교육받는가?

06. 현장의 각 팀에서 데이터를 적극적으로 사용하도록 충분히 촉진했는가?

07. 현장의 각 팀에서 발생한 문제의 근본 원인을 신속하게 해결할 수 있는가?

08. 현장의 각 팀을 관찰하고 건설적인 피드백을 하는 데에 20퍼센트 이상의 시간을 할애하는가? 현장에 방문했을 때 최고경영자가 아닌 코치처럼 행동하는가?

09. 회사 가치와 비전이 현장에서 구체적인 행동으로 전환되고 있는가?

10. 도전적인 프로젝트를 직접 진행하거나, 혹은 깊이 관여함으로써 모범을 보이고 있는가?

제7원칙

자기 학습

학습을 통한
인간과 기계의 결합

Summary

◆ 디지털 시스템은 인적 역량의 개발, 재빠른 기회의 포착과 활용, 기계의 최적화와 함께 계속 발전해왔다. 인간과 기계의 학습은 이 모든 요소를 포함한다.

◆ 조직 전반의 일관성을 추구함에 따라 학습을 통한 인간과 기계의 결합이 더 중요해지고 있으며, 학습방식은 계속 진화하고 있다.

◆ 테슬라의 가장 큰 장점 중 하나는 실수로부터 교훈을 얻고, 예상치 못한 장애물이나 벽에 부딪히지 않도록 방향을 빠르게 바꾸는 능력이다. 이것은 위험을 받아들이는 태도와 혁신적 사고를 바탕으로 하는 자기 학습에서 비롯된다.

인적 개발에 대한 새로운 접근방식

————

　제조업계의 운영 및 생산 시스템은 자동화 속도를 높이기 위해 인적 역량의 개발, 재빠른 기회의 포착과 활용, 기계의 최적화와 함께 진화해왔다. 제4차 산업혁명이 도래하면서 더욱 고도화되는 인공지능을 기반으로 기계가 할 수 있는 일이 크게 확장되었고, 사람이 일하는 방식과 성공에 필요한 역량은 커다란 변화를 맞이했다. 소프트웨어가 계속 업데이트되는 것처럼, 인간도 끊임없이 학습해야 하는 시대가 되었다. 또 기계가 더 많은 역할을 할수록 조직 시스템의 일관성을 유지하기 위한 인간의 역할이 더 중요해지고, 인적 역량을 개발하려는 노력도 다변화되고 있다.

　인적 개발에 대한 새로운 접근방식의 핵심은 '실수할 권리'이다. 이는 시대적 변화에 발맞추며 행동을 통해 배워나가는 방식으로, 기존의 모델을 완전히 파괴하는 사고방식을 요구하는 변화이다. 2017년 델테크놀로지Dell Technology와 미국의 싱크탱크인 미래연구소IFT의 연구에 따르면, 2030년 전체 일자리의 85퍼센트를 차지하게 될 일자리는 아직 나타나지 않았다고 한다. 놀라운 점은 데이터 분석 능력이 가장 중요한 역량이라는 데에 모두가 동의하고 있지만, 오늘날 제조업계의 기업 중 74퍼센트는 데이터 분석 능력이 형편없거나 아예 갖추지 못했다는 점이다. 혁신을 향해 가야 할 길이 아직 멀다는 의미이다.

역량 개발과 학습 시스템의 변화

　새로운 산업혁명이 나타날 때마다 인간의 작업방식은 극적으로 발전했다. 18세기 후반에 공장에 설치되기 시작한 기계는 어렵고 힘든 작업을 쉽게 만들어주었다. 하지만 이로 인해 노동자들은 높은 작업 속도와 효율을 가진 기계에 종속되어 점차 소외되기 시작했다. 제2차 산업시대에는 테일러주의가 부상하며 좀 더 구체적인 작업의 전문화가 이루어졌다. 생산성은 크게 향상되었지만, 순환적이며 반복적인 동작이 많아졌다. 조립 순서와 과업 목록을 설정하는 엔지니어가 작업 지시를 담당했고, 현장의 작업자들은 '원피스 생산방식'과 같은 일률적인 규칙을 따라야 했다. 당시에는 개선을 위한 노력이 하향식으로 이루어졌다. 다수의 사람이 매일의 생산 목표를 달성할 수 있게 하는 '감독관'의 역할이 중요하고 두드러진 시대였다.

　제3차 산업혁명이 도래하면서 이 피라미드는 뒤집혔다. 신속하게 대응하고 끊임없이 공정을 개선하는 현장 기술자의 역량과 능력을 중심으로 상향식 개선이 이루어졌다. 로봇과 산업용 IT 시스템이 출현하면서 생산 및 지원 부문의 반복적이고 고된 작업이 자동화되기 시작했다. 마지막으로 여러 가지 기능을 동시에 수행하는 다기능 작업자들이 늘어나면서 조직 시스템은 시장 수요 변동에 더 잘 적응하게 되었다.

제4차 산업시대의 '기술의 기하급수적 진보'라는 특성은 인간과 직업의 관계 그리고 인간의 역량 개발과 학습 시스템에 수많은 변화를 불러왔다. 시대가 전환되는 초창기에 새로운 기술을 충분히 학습하지 않으면 빠르게 변하는 시장 수요를 미처 따라가지 못할 수 있다. 이런 이유로 미래 산업의 선두주자 대부분은 새로운 기술을 따라잡고 훈련하기 위해 자체적인 기술연구소를 설립했다. 전문가들의 차별화된 콘텐츠에도 쉽게 접근할 수 있는 이러닝e-learning이나 온라인 공개강좌MOOC 역시 인적 개발을 위한 학습방식이 진화하는 데 커다란 도움이 되었다.

새로운 형태의 학습은 새로운 평가방식으로 이어졌다. 성과 목표에 따른 개별 평가제는 역량 기반 평가 시스템으로 보완되거나 대체되고 있다. 디지털화나 로봇화로 인해 직업이 융합되면서 새로운 직업도 등장하기 시작했다. 대표적으로 내부 물류와 생산 계획 시스템이 '온라인'으로 연결되고 관리되면서 생겨난 직업들이다. 창고에서 작업장으로 제품을 운반하는 무인운송로봇, 자동화 물류센터의 스태커 크래인, 조립라인을 따라 제품을 옮기는 자동컨베이어벨트 등 생산과 물류 기능이 융합되면서 새로운 직업들이 탄생하고 있다. 그 결과 기존 창고 직원이나 지게차 운전자는 현재 장비를 제어하는 작업자로 일하고 있다.

오늘날 기업이 추구하는 역량은 더 이상 인간의 손재주가 아니라 생산 계획을 이해하고 공정을 관리하고 자동화 문제를 해결하며 기술 솔루션 제공자를 연결해주는 능력이다.

그림 2.14　학습을 통한 인간과 기계의 융합

기계학습
인공지능을
지렛대로 사용

학습하기 좋은 장소
유쾌한 분위기의
실험실

개별 학습
지속적인 학습

그룹 학습
시험 후 학습

출처: Opeo

시장 변화에 대응하는 인적자원관리

　오늘날 제조기업들은 특정 역량 부문에서 인재 부족에 시달리고 있다. 주로 비제조업계의 기업들과 치열하게 경쟁하는 영역은 인재가 부족하다 못해 희귀할 정도이다. 이런 문제를 해결하기 위해 기업들은 지역 내 이웃 기업, 협력업체, 지역 클러스터 등과의 네트워크를 넓히는 데에도 노력을 기울이고 있다. 이는 기업이 미래의 혁신 솔루션을 개발하는 데에도 중요한 역할을 한다.

　현장 작업의 대부분은 점점 더 '유동적'으로 변해가고 있다. 시장 수요가 빠르게 변할 뿐 아니라 주문형 맞춤 제작이 많아지면서 요구되는 역량도 급격히 달라지고 있다. 그때그때 주어진 시간과 작업 역량에 따라 생산 가능한 물량을 실시간으로 계산하는 시스템도 필요해졌다. 여기에 '사회적 대화'의 확대 역시 필수적인 요소가 되었다. 사회적 문제에 공동으로 대처한다는 것은 생태계 전체의 조화와 상생을 추구한다는 것으로, 시장의 변동성에 따른 위험을 분담하는 의미도 포함되어 있다. 이에 따라 여러 기업이 함께 참여하는 학습 프로그램이 개발되었고, 역량개발센터와 기술연구소의 상호 협력도 중요해졌다.

요즘은 특정 작업방식의 개선이라고 해도 그 논의가 어느 한 부서 내에서만 이루어지지 않는다. 조직 운영 시스템이 지리적 위치, 사업 부문, 직능 분야 전체에 분산되고 구조화되었기 때문이다. 미래 산업의 선두주자들은 시스템에서 인간이 해야 할 역할에 대해 깊이 고민한다는 공통점을 갖고 있다. 이 고민은 대개 현장의 공간을 어떻게 구조화할 것인가에 관한 문제에서 출발한다. 잘 조성된 휴식 공간, 퇴근 후 이벤트나 스포츠 같은 직무 외 여가 활동 등의 아이디어가 여기에 해당한다. 또 공유 작업 공간은 생활 공간으로 개념화되는 추세여서 해당 공간의 조명, 음향, 동선 등의 배치에 특별한 관심을 기울이고 있다.

인간과 기계의 상호 보완을 통한 시스템 최적화

현대 생활의 상징인 스마트폰을 비롯해 PC, 태블릿과 같은 '커넥티드 디바이스connected devices'는 제조업계의 현장을 비롯한 어느 곳에서나 보편적인 도구가 되었다. 이 도구들은 편리함과 신속함을 특징으로 하며, 일상 업무를 지원하는 것은 물론 예측, 기획, 실행 능력을 향상하는 데에도 도움을 주었다. 그 결과 제조, 유지보수, 물류 업무가 크게 개선되었다.

작업방식 개선에 큰 도움을 주는 기계나 시스템으로는 위험하지 않은 환경에서 효율적인 실습이 가능한 '가상현실', 기계 움직임을 예측할 수 있는 '증강현실', 설계 부문과의 연결을 통해 생산과 판매 부문의 시장 대응력을 강화해주는 '인터페이스', 반복적이며 고된 작업을 자동화하는 '지능형 로봇', 생산 단계를 줄여주어 공정을 가속화하는 '3D 프린팅' 등을 들 수 있다.

마지막으로 첨단 데이터 분석 방법은 수천 개의 설정값이 주어진 결과에 연결되고 최적의 시스템 성능을 위한 탐색이 지속적으로 이루어지게 함으로써 모든 시스템의 '자기 학습'을 가능하게 만들어주었다. 제조업계에서는 이런 도구들을 사용하여 다르게 작업하는 법을 배우는 일이 앞으로 수년간 가장 큰 도전 과제가 될 것이다. 성공하는 사람들은 데이터를 잘 활용하고 실제로 시스템이 자기 학습을 할 수 있도록 만들어 경쟁 우위를 차지한다. 기계와 인간은 더 이상 같은 영역에서 우수성을 경쟁하지 않는다. 계산이나 반복 작업에서는 인간보다 기계가 언제나 뛰어나다. 하지만 공감 능력, 창의력, 복잡한 문제 해결력 등의 영역에서는 기계가 인간을 앞지르는 것이 거의 불가능하다. 따라서 시스템 최적화는 인간과 기계가 지닌 각각의 우수성을 상호 보완하는 형태로 이루어질 것이다.

창조적 혁신을 위한 애자일 방법론

———

  팀워크와 대응성은 특히 사용자 중심 기반의 경제에서 가장 큰 도전을 받고 있다. 제4차 산업시대의 최종 소비자, 즉 사용자는 계속해서 출시되는 신제품을 통해 삶이 더 편해지길 기대한다. 이에 따라 완벽한 품질보다 더 중요한 것은 시장 트렌드에 반응하는 속도가 되었다. 사용자 요구와 정확히 일치하는 제품을 개발할 수 있는 적임자는 바로 '사용자' 그들이다. 베타 버전을 먼저 출시해 사용자의 의견을 들은 뒤 개선이 진행되는 이러한 사용자 참여형 접근법은 순수 디지털 세계에서는 비교적 간단하지만, 물리적 제품 개발 과정에 적용하기에는 매우 복잡하다.

  신제품의 시장 출시 기간을 단축하면서 사용자의 요구도 맞춰야 하는 이중적 요구에 대응하기 위해 애자일 방법론이 두 개의 문을 통해 점진적으로 제조업계에 적용되고 있다. 첫 번째 문은 사용자들 피드백에 의한 최종적인 수정이 남아 있는 단계에서 서둘러 시제품을 출시하는 전형적인 애자일 방식이다. 두 번째 문은 카이젠과 같은 지속적인 개선에 익숙한 팀이 주로 시도하는 방식으로, 점진적인 개선을 하되 다양한 분야의 관계자들이 피드백에 참여한다는 것이 특징이다. 여기에 반드시 참여해야 하는 것은 IT와 엔지니어링 관계자이다. 새로운 세계에서는 이 두 분야를 제외하고는 어떠한 것도 시험하기가 어렵기 때문이다.

  애자일 방법론의 큰 장점은 새로운 아이디어를 내놓기 위해 현장팀들이 솔선수범하게 된다는 점이다. 현장의 각 팀은 유용하다고 판단되는 경우 잠재적인 혁신 해결책을 시험할 권한을 갖는다. 다만 모든 사람이 스스로 혁신을 시작할 경우 그 다양성이 위험 요소로 작용할 수 있기 때문에, 이때는 혁신 활동을 관리하고 감독하는 역할이 필요하다. 그리고 이역할은 앞서 언급했던, 일관성 있는 통합 솔루션에 대한 책임을 지는 '아키텍트'가 맡게 된다.

테슬라의 교훈:
혁신 속도를 가속화하는 자기 학습

자동차 시장은 이미 포화상태의 성숙한 시장이므로 낮은 수익성으로 인해 자금 조달에 어려움이 예상되었다. 하지만 테슬라는 신모델 개발과 기술 연구에 대한 투자가 필요했다. 이를 해결하기 위해 일론 머스크는 새로운 인재를 발굴하고 동기부여가 잘되어 있는 팀을 영입했다. 그리고 이들을 위해 지속적인 학습 프로그램을 가동했다. 일론 머스크에 따르면, 다른 자동차 제조업체들은 혁신을 주요 공급업체에 맡기지만 테슬라는 이런 방식을 통해 내부에서 혁신을 진행할 수 있었다.

테슬라에서 인재 영입에 큰 역할을 하는 것은 일론 머스크의 '스토리 메이킹'이다. 그의 대담한 비전은 모든 사람에게 더 의미 있는 일을 하면서 더 나은 직업을 가졌다는 자부심을 불어넣는다. 가령 기가팩토리의 홈페이지에 게시된 채용 안내문을 살펴보면, 전체의 4분의 3을 프로젝트에 대한 열망과 더불어 뛰어난 업무공간을 강조하는 데에 할애하고 있다. 실제로 테슬라의 공장과 사무실은 매력적인 생활 공간으로 설계되었다. 모든 직무와 커뮤니케이션이 수평화된 작업 공간을 공유하고, 생산 현장은 개방형 공간으로 설계되어 있다. 거대한 디지털 스크린이 곳곳에 배치되어 있고, 푸드트럭 서비스와 아늑한 휴게 공간도 있다. '학습하기 좋은 곳'이라는 생각이 들 수밖에 없다.

테슬라는 '자동차를 생산하는 소프트웨어 회사'이기 때문에 조직 전반이 인간과 기계의 관계를 바탕으로 운영된다고 볼 수 있다. 그들은 수작업을 로봇으로 대체하거나 기계화로 인간의 노동력을 지원하는 새로운 생산 공정에 초점을 맞추고 있다. 마찬가지로 연구개발 부서는 충돌 테스트 기간이나 시제품 개발 기간을 단축할 수 있는 디지털 시뮬레이션 도구의 잠재력을 100퍼센트 활용하고 있다. 디지털화는 인간의 지식을 강화하는 데 사용된다.

일론 머스크는 혁신 주기를 단축하기 위해 어떤 장애물에도 항상 '시험후 학습'을 적용하도록 팀들을 독려했다. 최근에 그는 자신이 학습 속도를 얼마나 중요하게 생각하는지 다시 한번 보여주었다. 그는 대량으로 자동화하여 생산량을 급격히 늘리고 자동차 분야의 관행적인 택타임을 획기적으로 줄였던 '모델3' 생산 라인의 초기 전략을 단 몇 개월 만에 뒤집어 버렸다. 그 이유는 2018년 5월에 설정한 주당 2,500대라는 생산율을 현장이 따라가지 못했기 때문이다. 그는 기존의 전략을 고수하는 대신 공정을 다시 수작업으로 돌렸다. 이 사례에서 중요한 것은 다른 자동차 제조업체라면 수개월이 걸렸을 작업을 겨우 3주 만에 진행한 일론 머스크의 혁신속도이다. 테슬라 직원들에 따르면, 일론 머스크는 생산 현장에서 3개월 동안 밤낮없이 일하며 현장 직원들이 직면한 문제점들을 분석했다고 한다. 이를 통해 그는 모든 사람에게 에너지를 주고 그의 결정에 참여하도록 독려하는 데에 성공했다.

그다음 달에 일론 머스크는 이미 몇 달 전부터 시리즈 생산이 시작됐음에도 불구하고 차체의 5,000개 용접 지점 중 300개를 제거했으며, 텐트 형태의 세 번째 생산 라인을 추가했다. 그리고 그달 말에 드디어 주당 5,000대 생산이라는 목표를 달성했다. 이러한 빠른 혁신은 기존의 자동차 제조업체들은 아예 생각조차 하지 못한 것이었다. 일론 머스크의 빠른 혁신에서 가장 중요한 점은 위험을 감수하겠다는 태도와 빠르게 대응하고 학습하겠다는 의지였다. 물론 그는 대가도 치러야 했다. 그의 속도를 따라가기 벅찬 사람들은 비난을 쏟아부었다. 대부분 사람은 이 사건에서 우리가 배워야 할 진정한 교훈이 무엇인지 잘 알지 못했다. 우리가 일론 머스크에게 배워야 할 점은, 새로운 세계의 기회를 재빠르게 활용하기 위해서는 혁신적 사고를 통한 자기 학습이 중요하다는 점을 이해하는 것이다.

보쉬 사례:
학습에 초점을 맞춘 혁신 프로젝트

보쉬BOSCH의 로데즈공장은 디젤 엔진 분무기 제조에 특화된 생산기지이다. 1,600여 명의 직원이 근무하는 이 공장은 미래 계획을 발전시키는 과정에서 큰 변화를 겪었다. 디지털 솔루션 개발 책임자인 그레고리 브루이에Grégory Brouillet는 '인더스트리 4.0' 솔루션이 어떻게 기업의 미래를 지원하는지에 대해 설명해주었다. 그는 이른 나이에 입사해 오랫동안 지속적으로 기술 훈련을 받아왔다. 기술적 이슈와 관련해 이미 성숙한 비전을 지니고 있던 브루이에는 인더스트리 4.0의 핵심 성공 요인인 '인간과 기계의 학습'에 대한 자신의 비전에 대해 말해주었다.

사람 중심의 접근방식

브루이에는 생산시설 유지보수를 위한 '인터스트리 4.0' 프로젝트의 목표를 "모든 사람을 위해 좀 더 단순하게 만들고 싶었기 때문에 매우 사람 중심적인" 관점으로 설정했다고 밝혔다. 보쉬의 경영진은 설비종합효율 OEE을 강화함으로써 전반적인 효율성 향상을 도모했다. 브루이에에 따르면, 하향식에서 상향식으로 조직 문화를 바꾼 것은 혁신 프로젝트를 시작하는 중요한 열쇠였다. "우리 CEO는 이런 업무방식을 신봉할 뿐 아니라 투자수익률처럼 단순한 재정적 목표를 뛰어넘는 변화 동력을 추진했습니다."

성과와 작업 환경 외에 다른 중요한 이슈는 공장의 평판을 어떻게 강화할 것인가 하는 문제였다. 이와 관련해 브루이에는 "로데즈공장보다 규모가 큰 다른 공장에서 우리가 개발한 디지털 솔루션에 큰 관심을 보였다"라며 만족스러워했다.

훈련하고, 훈련하고, 또 훈련하라

혁신 프로젝트를 시작할 때 또 다른 중요한 요인은 커뮤니케이션과 학습이다. 이 두 가지는 비록 시간이 걸리더라도 반드시 해결해야 할 필수 과제이다. 브루이에는 제조업계의 혁신 프로젝트를 의미하는 인더스트리 4.0과 관련해 사람들이 갖는 두려움, 즉 '로봇이 인간을 대체할 것'이라는 우려에 대해 이렇게 이야기했다. "나는 인더스트리 4.0에 대한 도전이 인간과 기계가 상생하는 방법이 되리라 확신했습니다. 우리는 71대의 로봇을 사용하고 있는데, 현장의 작업 속도를 유지하는 데 큰 도움이 됩니다. 하지만 그 전에 현장 직원들이 로봇을 믿을 만하다고 생각할 수 있도록 그들의 언어를 사용해 충분히 설명하는 과정이 꼭 필요합니다."

인더스트리 4.0과 같은 혁신 활동에서 커뮤니케이션 못지않게 중요한 것은 인간과 기계의 상생을 위해 끊임없이 학습하는 것이다. '훈련하고, 훈련하고, 또 훈련하라'는 주문을 외우는 보쉬의 CEO와 로데즈공장의 인더스트리 4.0 시범 운영팀은 전 직원 1,600명을 교육하는 데에 많은 시간을 할애한다.

신기술을 학습하고 솔루션을 개발하는 과정에서도 앞에서 언급했던 디지털 세계의 애자일 방법론, 즉 '시험 후 학습' 방식이 매우 유효하다. 즉 실패할 가능성을 인정하고 신기술과 솔루션이 절대로 완벽하지 않다는 사실을 받아들이는 마음가짐이 필요하다. 이에 대해 브루이에는 "기술자들이 오랜 기간 지속하는 대규모 작업에 익숙해져 있었기 때문에, 짧은 주기로 학습하고 테스트하고 다시 학습하고 테스트하는 과정에 적응하기가 쉽지는 않았습니다"라고 말했다.

이런 어려움을 극복하는 방법으로, 솔루션 개발 초기 단계부터 최종 사용자를 참여하게 하는 '디자인 싱킹design thinking' 방법론을 적용했다. 시범 운영팀의 직원들은 프로젝트에 몰입하기 위해 몇 주 동안 생산 라인에서

'빠지는' 경우도 있었다. "그렇게 함으로써 학습과 테스트를 빠르게 반복할 수 있고 시간을 절약할 수 있습니다." 이런 작업의 목적은 현장의 팀원들이 최종 사용자와 공감함으로써 시장의 요구를 가능한 빨리 해결하는 것이다. "물론 그러려면 우선 기술자들이 새로운 도구를 받아들이고 익숙해지는 것이 중요합니다."

디지털 솔루션의 통합과 개방성

디지털 솔루션 개발 책임자로서 브루이에의 주요 목표는 솔루션이 다양한 직능 분야에 균일하게 적용되도록 통합함으로써 사람들이 환경 변화에 신속하고 원활하게 적응하도록 돕는 것이었다. 그러려면 혁신의 개념이 통일되는 것이 중요하고, 혁신을 추진하는 채널도 제한할 필요가 있었다. "예전에는 작업자가 버튼을 눌러 기계를 작동시켰지요. 요즘은 터치스크린이나 태블릿, 스마트폰을 사용합니다. 미래에는 아마도 증강현실용 투시 장비를 갖추게 될 겁니다. 솔루션이 통합되어 있지 않으면, 변화한 환경에 솔루션을 적용하는 데 더 많은 시간이 걸릴 겁니다."

한편 브루이에는 인더스트리 4.0 프로젝트가 자동차 및 항공 산업의 클러스터를 포함한 지역 생태계와의 유대를 강화하는 기회가 될 것이라 보았다. 내부적으로 개발한 학습 프로그램을 다른 기업에 개방한다는 발상은 상당히 설득력이 있었다. 로데즈공장이 위치한 미카니크 밸리 지역의 현장 관리자들은 굉장히 실용적인 사고방식을 갖고 있었고, 브루이에의 팀이 개발한 솔루션을 학습하고 아이디어를 얻는 것에 큰 관심을 보였다.

브루이에는 제조업과 서비스업을 융합하면 신성장 기회를 창출할 수 있다고 보았다. 로데즈공장이 보여준 선구적인 혁신 활동은 지역 생태계에 커다란 영향을 미쳤다. 그는 성공적인 스타트업의 사례로 제조기업에서 일하던 한 인턴이 개발한 유지보수 전문가용 소셜네트워크인 '모빌리티 워크Mobility Work'에 대해 말했다. "그 청년이 개발한 플랫폼은 다른 사람들에게 어떤 환상적인 일을 자신도 해낼 수 있겠다는 생각이 들게 했습니다. 제조업 분야 전체가 혜택을 받았다고 볼 수 있겠지요."

슈미트그룹 사례:
함께 일하는 즐거움

———

슈미트그룹Schmidt Group은 소위 '전통 산업'의 디지털화와 자동화 분야에서 가장 앞서가는 중견기업이다. 안느 라이츠겐Anne Leitzgen 사장은 최고급 주방을 하루 만에 생산해서 10일 후에 배달하는 프로젝트를 10년 전에 시작했다. 이 프로젝트는 판매자가 먼저 고객과 함께 '가상' 주방을 만들고, 컴퓨터에서 데이터 교환으로 주문을 처리하면 로봇이 제작하는 과정으로 이루어진다. 즉 사람의 개입이 거의 없이 맞춤 주문이 진행되도록 '표준화'되어 있다.

퀴진 슈미트Cuisines Schmidt 브랜드는 1989년에 만들어졌고, 두 번째 브랜드인 퀴지넬라Cuisinella는 1992년에 출시되었는데, 이 브랜드는 저렴한 가격으로 젊은 고객들을 겨냥했다. 안느 라이츠겐은 이렇게 설명했다. "2004년 이후에는 맞춤 가구 생산을 전문으로 하고 있습니다. 현재는 디지털화 덕분에 이런 접근 방법이 상당한 진전을 이루었습니다."

고객 경험의 진화를 위한 H2H 개념

슈미트그룹은 2025년까지 유럽의 맞춤형 가구 및 인테리어 분야에서 고객선호도 1위 브랜드로 성장하는 것을 목표로 삼았다. 2015년에 시작된 혁신 프로젝트의 목표는 '사용자 경험'을 개선하기 위해 모든 디지털 계획을 조정하는 것이었다. "원래 사용자 경험은 매장에 들어서는 순간부터 시작됐지요. 요즘은 훨씬 더 앞당겨져서 누군가 '주방을 바꾸고 싶다'는 생각으로 인터넷 검색을 할 때부터 사용자 경험이 시작됩니다. 이 고객을 우리 브랜드로 끌어들인 후, 매장에 가보면 훨씬 흥미로운 경험을 하게 될 것이라고 설득하는 것이 중요합니다."

사용자 경험의 질은 사람들과 맺는 '관계'의 질에 기초한다. 기존에는 주로 '기업 대 기업B2B', '기업 대 고객B2C'으로 구별했는데, 슈미트그룹에서는 'H2HHuman to Human', 즉 '사람과 사람'으로 표현한다. 이와 관련해 안느 라이츠겐은 이렇게 설명했다. "우리 슈미트 브랜드의 주방을 구매하려는 사용자는 유쾌하고 유능한 판매원의 도움을 받게 됩니다. 판매원이 이런 자질을 갖추려면 상급자도 역시 유쾌하고 유능해야 합니다. 이 모든 관계가 사용자 경험의 질을 좌우합니다. 사용자 경험의 질을 높이는 것은 사용자와의 관계에서 가장 중요한 요소입니다. 우리는 고객의 주방을 설치하면서 미래에는 그들이 장롱이나 책장도 주문할 것이라고 기대하기 때문입니다."

실제로 슈미트는 홈페이지에 방문하는 고객에게 "당신이 꿈에 그리던 프로젝트에 대한 아이디어를 풀어낼 수 있는 계정을 만들겠습니까?"라고 질문한다. 판매원은 고객의 동의하에 그들이 온라인 계정에서 진행한 아이디어 작업에 접근할 수 있다. 판매원은 이를 확인한 후 즉시 고객의 예산과 취향에 맞는 제품과 서비스를 제안한다.

고객이 온라인으로 약속 날짜를 정하면 판매원은 이에 맞게 미리 준비한다. 고객의 아이디어를 실현해 보여주기 위한 다양한 방법을 시도하는데, 특히 새로운 주방 구조를 3D 설계도로 보여줄 수도 있다. 견적을 확인하고 주문을 완료하면 고객은 자신이 주문한 주방의 제작 현황을 실시간으로 확인할 수 있고, 언제 제작이 완료되어 집으로 배송되는지 알 수 있다.

이처럼 디지털화는 마케팅과 판매에서 생산에 이르기까지 기업 활동 대부분을 크게 바꿔놓았다. 디지털화는 판매원의 활동을 변화시켰을 뿐 아니라 제품에 대한 기업의 커뮤니케이션 방식도 바꿔놓았다. "우리는 잠재고객이 매장으로 들어오도록 유도하기 위해 브랜드를 알리는 커뮤니케이션 마케팅에서 제품 판매 지원, 고객 의견 관리, 소셜네트워크 활동을 포함하는 디지털 마케팅으로 전환했습니다. 디지털 마케팅은 고객과의 관계를 다변화했고, 우리는 잠재고객의 기존 구매처는 어디였는지, 우리에게 접근한 방법이 웹사이트를 통해서인지 혹은 매장 방문을 통해서인지, 웹사이트에서 무엇을 구매했는지, 매장에서는 무엇을 구매했는지 등을 질문을 통해 확인할 수 있게 되었습니다."

디지털 물류관리와 생산 자동화

디지털화는 고객 데이터를 관리하는 방식도 바꾸었다. 먼저 여러 곳에 분산돼 있던 데이터베이스가 중앙집중화되었다. 또 기본적으로 판매원을 위해 설계되었던 기술적인 데이터베이스는 더욱 풍부한 고객 경험을 제공하기 위한 콘텐츠와 이미지로 구성된 제품 소개 형식으로 바뀌었다.

맞춤형 주문 생산을 하기 위해서는 상당한 양의 데이터가 필요하다. 슈미트그룹은 같은 주방을 두 번 만든 적이 없고, 그래서 재고도 없다. 모든 제품은 고객의 주문에 맞춰 빠르면 두 시간 이내에 제작이 완료된다. 광택제 건조로 인해 시간이 필요한 경우에도 수일 내에 제작을 완료한다. 다양한 부품은 서로 다른 공장에서 생산되지만, 정해진 시간에 하역장에 도착한다. 하루에 약 1,450건의 주문을 받는데, 이는 곧 가구 4,000여 점, 모듈 1만 8,000개, 부품 500만 개에 대한 정보를 매일 적기적소에 전달하고 처리해야 하는 규모이다.

사실 슈미트그룹의 전문 분야는 더 이상 '가구 제작'이 아니라 부품과 데이터를 연결하는 '디지털 물류관리'이다. 그렇더라도 다양성은 여전히 위험 요소이다. 회사는 돈을 버는 다양성과 돈을 쓰는 다양성 사이에 균형이 잘 맞는지 확인해야 한다.

디지털화는 생산 과정의 자동화로도 이어진다. 자동화는 사람의 작업 부담을 현저 줄여주며, 이에 따라 나이 많은 직원도 계속 근무할 수 있는 여건을 만들어준다. 무엇보다 자동화는 공장이 저임금 지역으로 이전하지 않아도 되게 해준다. 자동화 공장의 경우 전체 매출에서 임금이 차지하는 비율이 7퍼센트에 불과하기 때문에 인건비가 낮은 국가로 생산기지를 옮기는 것이 큰 이득이 되지 않는다. 과거에는 아이들에게 "열심히 공부하지 않으면 공장에서 일하게 된다"고 말했지만, 오늘날 상황은 완전히 바뀌었다. 제조업 공장의 전문직은 매우 높은 기술 수준을 요구하기 때문에, 회사는 오랫동안 업무를 해온 사람들이 성과를 내고 그 자리를 유지할 수 있도록 지원한다. 그렇지만 자동화는 일반적으로 일자리를 파괴하는 것이 사실이다. 다행히 슈미트그룹은 로봇 사용이 늘어나고 있음에도 충분히 성장한 덕분에 계속해서 일자리를 창출할 수 있었다.

함께 일하는 '즐거움'이 가능한 기업 문화

슈미트그룹은 고객 경험의 질을 높이는 한편, 직원들이 회사에서 보내는 시간의 질도 높이기 위한 노력을 펼쳤다. '슈미트가 되자Be Schmidt'라는 비전과 함께 기업 문화 캠페인을 벌인 것도 그런 차원의 노력이다. 이 캠페인의 심볼은 중심에 '즐거움'이 자리 잡은 별 모양으로 표현되었다. 그리고 별의 다섯 개 점은 각각 친절, 책임, 협력, 신뢰, 유연성을 뜻하는데, 이는 동료들과 함께 일하는 '즐거움'으로 이어진다.

물론 모든 직원이 매일 즐거운 일만 하는 것은 아니다. 다만 그들이 하는 일은 조직의 모든 사람, 기계, 시스템과 연결되어 의미를 부여받는다. 이에 대해 안느 라이츠겐은 이렇게 설명했다. "약 10년 전에는 함께 일하는 '즐거움'이라는 개념을 이야기하면 사람들은 보통 '회사는 그런 곳이 아니야!'라는 반응을 보였죠. 하지만 지금은 회사에서 하는 일이 즐거워야 한다는 점에 많은 사람들이 동의합니다." 기업 차원에서의 디지털 전환은 모든 직원이 주도권과 책임의식을 갖고 최선을 다해야 성공할 수 있다. 한편으로 이는 경영진이 직원들을 신뢰해야 한다는 의미이기도 하다. 경영진은 새로운 아이디어를 실현하는 과정에서 실수가 생길 수도 있음을 이해해야 한다. 안느 라이츠겐은 이렇게 결론지었다. "디지털화로 인해 기업들은 큰 변화를 겪을 것입니다. 노동자들은 이런 변화를 포착하고 기회로 활용해야 합니다."

※ 출처: 2017년 5월 발간한 엘리자베트 부르기나(Elisabeth Bourguinat)의 보고서를 에콜 드 파리 경영대학원(l'Ecole de Paris du management)의 허락을 받아 게재함.
https://www.ecole.org/fr/seance/1195automatiser-en-renforcant-le-role-de-l-homme

제7원칙-자기 학습: 리더를 위한 10가지 질문

01. 현장팀은 기계나 로봇과 협업하는 방식을 알고 있는가? 협동 로봇을 시범 운영해본 적이 있는가?

02. 현장팀이 하는 작업을 촉진하고 서로 연결해주는 디지털 솔루션에 열정을 쏟아 투자했는가?

03. 향후 몇 년 이내에 기존의 조직에 없었던 새로운 전문직이 생겨날 수 있는가?

04. 현장팀이 문제에 대한 해결책을 조기에 발견하고, 그 과정에서 개선하도록 충분히 격려하고 있는가? 혹은 직접 해결책을 제시하는가?

05. 미래의 역량을 개발하기 위한 학습 프로그램이 있고, 이와 관련해 지역 생태계와 충분히 연결되어 있는가?

06. 조직 구성원 전체가 디지털화나 신기술 습득을 위한 학습에 참여하는가?

07. 조직 구성원 전체가 지속적이고 단계적으로 학습할 수 있도록 구조화된 학습 프로그램이 있는가?

08. 현장팀에 이러닝이나 온라인 공개강좌 같은 학습 프로그램을 충분히 활용하도록 권장하고 있는가?

09. 조직 구성원에 대한 평가제도에 '역량' 평가가 포함되어 있는가?

10. 사내에 쾌적한 업무 환경, 편안한 휴식 공간을 조성하는 데에 열정을 보였는가?

3장

테슬라주의가
바꿀 산업의 미래

Summary

◆ 테슬라주의의 일곱 가지 원칙은 하나의 통합 시스템을 구성한다. 여기에 한 가지 원칙이라도 누락되면 시스템의 효율성이 떨어지고 불균형 상태가 되어 장기 생존에 위험이 따른다.

◆ 테슬라주의의 일곱 가지 원칙을 각 기업에서 적용할 때 필요한 중요한 진단과 측정에 대해 파악함으로써 전반적인 시스템 혁신을 위해 당겨야 하는 스위치가 무엇인지 알아본다.

◆ 테슬라주의는 테슬라를 넘어서서 이미 많은 기업과 관련되어 있다. 제4차 산업시대에 제조업계의 선도적 기업들이 추구해야 할 전략적 변화와 시스템 통합, 에너지 넘치는 비전과 리더십에 대해 정리한다.

테슬라주의와 세 개의 동심원

———

   테슬라주의의 일곱 가지 원칙은 일관성 있고 분리할 수 없는 실체를 만든다. 만약 어떤 한 가지 원칙이라도 놓치게 되면 비효율과 불균형으로 시스템의 장기적인 생존이 어려워질 것이다. 여기서는 앞서 2장에서 설명한 테슬라주의의 일곱 가지 원칙을 다시 간략히 정리해본 뒤, 그 실제 적용방안을 제시해보고자 한다.

   그림 3.1에서 보듯이, 일곱 가지 원칙은 각각 세 개의 동심원에서 전개된다. 그중 먼저 인간과 기계의 '학습'은 테슬라주의의 심장부, 즉 '코어 core'에 해당한다. 제4차 산업시대의 중요한 동력인 디지털 시스템의 성과가 여기에 달려 있다. 인간은 그 어느 때보다 시스템의 중심이 되었지만, 그에 따라 빠르게 학습하는 능력이 더욱 중요해졌다. 어떤 주제라도 전략과 전술의 변화를 통해 최대한 빠르게 기회를 활용하는 것이 가장 중요하다. 인간은 점점 더 완벽해지는 디지털 인터페이스를 가진 기계와 연결되면서 기술과 천천히 융합하는 '하이브리드화hybridizaion'를 경험하고 있다. 그리고 기계의 잠재력을 최대한 활용하기 위해, 주도적인 자기 학습을 위

그림 3.1 세 개의 동심원과 일곱 가지 원칙

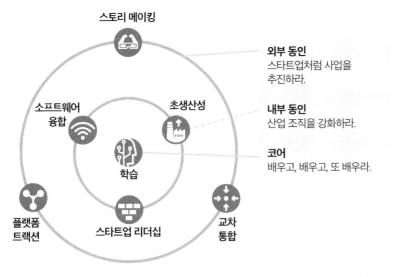

스토리 메이킹

소프트웨어 융합

초생산성

학습

플랫폼 트랙션

스타트업 리더십

교차 통합

외부 동인
스타트업처럼 사업을
추진하라.

내부 동인
산업 조직을 강화하라.

코어
배우고, 배우고, 또 배우라.

출처: Opeo

해, 인공지능과 함께 일하는 법을 배우고 있다.

이는 점진적인 개선이 아니라 근본적인 개혁이다. 이 개혁은 실수를 용인하는 '시험 후 학습' 패러다임에 따른 시스템의 자기 학습이 가능해야 하며, 기술자와 경영진은 이를 도울 수 있는 새로운 역량을 습득해야 한다. 더 나아가 경영진은 시스템이 균형을 유지할 수 있도록 기업의 '사회적 대화'를 지역 생태계의 모든 이해관계자로 확대하고 강화해야 한다.

세 개의 동심원 모델에서 코어를 감싸고 있는 안쪽의 원은 기업의 조직과 기술에 초점을 맞추는 '내부 동인'에 해당한다. 이 원은 상호 보완적이며 불가분한 관계의 세 가지 요소로 이루어진다. 첫 번째 요소인 '스타트업 리더십'은 조직의 수평화를 위한 새로운 경영 태도로서, 이를 통해 관리자들이 일선의 작업자들에게 코칭을 제공한다. 두 번째 요소인 '초생산성'은 기업 가치사슬에서 물리적 공정과 데이터의 흐름이 정확하게 연동되도록 하는 시스템 능력을 나타낸다. 이로써 기업은 최종 사용자에게 더 가까이 접근할 수 있고, 즉시성을 토대로 사용자 경험을 극대화할 수 있다. 세 번째 요소인 '소프트웨어 융합'은 더 좋은 제품 개발이나 혁신적인 서비스 제공을 위해 기업 내부에서 효율성을 개선하고, 전반적인 기회를 활용하며, 무엇보다도 고객 경험에 대한 이해를 개선하는 데 도움이 되는 기술적 동력을 뜻한다.

이 세 가지 요소를 뒷받침하는 것은 가장 바깥쪽의 원이다. 이 원은 주로 회사 외부를 향해 있는 '외부 동인'이며, 전략적이고 파괴적인 사고방식을 토대로 시장을 혁신하는 세 가지 요소로 구성된다. 첫 번째 요소는 '스토리 메이킹'으로, 인재를 유치하고 추종자 커뮤니티를 만들기 위해 기업의 비전을 제시하고 활력을 불어넣는 리더의 능력이다. 이러한 리더의 능력은 최대한 현장의 팀들과 함께 행동하며 그들에게 길을 보여주고 어려운 장애물을 극복하는 방법을 알려주는 모범적인 행동을 통해서 더욱 빛을 발한다. 활력이 넘치는 기업의 비전은 두 가지 무기에 의존한다. 첫 번째 무기는 '교차 통합'으로, 서로 다른 사업 부문과 외부 협력업체 등 기업 가치사슬과 생태계 참여자들 간의 연결과 통합을 극대화함으로써 시장 변동성에 민첩하게 대응할 수 있다. 두 번째 무기는 '플랫폼 트랙션'으로, 디지털 플랫폼을 기반으로 한 네트워크 효과를 통해 창출되는 기업 가치와 이익을 극대화한다. 전통적인 가치사슬을 해체함으로써 전방위적인 이익 창출 구조를 만들어낼 수 있다.

테슬라 모델은 산업계에 잘 알려진 가장 파괴적인 모델 중 하나이지만, 그렇다고 해서 반드시 테슬라에만 해당하는 것은 아니다. 제4차 산업시대와 함께 다가올 새로운 패러다임에 대비하기 위해 특히 제조업계의 각 기업은 테슬라주의의 운영 모델을 채택해야 할 것이다. 사실 이미 많은 전통적인 제조기업들이 세 개의 동심원 구조를 적용한 시스템을 개발하거나 적용하고 있다. 그러면 테슬라 모델을 각 기업에 어떻게 적용할 것인지에 대해 일곱 가지 원칙을 중심으로 살펴보도록 하자.

초생산성:
여덟 가지 낭비의 측정 및 제거

린 생산방식이 그랬던 것처럼 초생산성 원칙의 구성 요소들도 테슬라가 아닌 다른 기업에 얼마든지 적용이 가능하다. 가장 좋은 방법은 한층 강화된 인더스트리 4.0 버전의 '가치흐름도VSM'를 활용하는 것이다. 모든 자재와 부품의 물리적 흐름과 정보의 흐름을 보여주는 가치흐름도는 당연히 생산 현장에 기반을 두고 있어야 한다. 다만 업그레이드된 가치흐름도는 예전과 달리 고객에서 시작하는 역방향으로 도식화된다. 일반적인 공장의 경우를 예로 들면, 포장에서 시작해 조립, 가공 등을 거쳐 최종적으로 자재 조달 구역에서 끝나는 흐름을 보여주는 식이다. 가치흐름도에서 초생산성의 주요 구성 요소인 협업 가치를 확인하려면 '보이는 낭비'와 '가상의 낭비'로 나뉘는 여덟 가지 유형의 낭비를 추적해야 한다.

보이는 낭비의 관리: 핵심 성과지표와 연계하기

과잉소비, 대기시간, 반복적이며 고된 작업, 관료주의 등 일부 낭비는 가치흐름도에서 쉽게 발견된다. 과잉소비를 추적하려면 재고 과잉, 폐기물과 더불어 공기, 물, 오일의 누출을 확인해야 한다. 가장 중요한 것은 현장 직원들이 이런 낭비를 매일 감시하고 측정하는 방법을 알아야 한다는 점이고, 무엇보다 명확한 목표를 가진 핵심 성과지표와 연계되어야 한다는 점이다. 이런 낭비는 현장 지도자들이 관리해야 하며, 공장 경영진은 공장을 방문해 확인해야 한다.

대기시간은 추적하기 가장 쉬운 낭비다. 작업장을 살펴보면 비효율성, 부적절한 이동, 고장, 결근 등으로 작동되지 않는 기계들을 볼 수 있다. 기계효율을 측정하는 핵심 성과지표는 설비종합효율이다. 현장을 돌아보면서 설비종합효율을 확인하는 쉬운 방법이 있다. 시각 영역에 있는 모든 기계를 매분 확인하고 어떤 기계가 작동하고 있는지, 어떤 기계가 대기 중인지 기록하면 된다.

대기 중인 기계를 확인해보면 전체의 5퍼센트에서 70퍼센트는 일시정지하고 있음을 알 수 있다. 작업량 대비 생산량의 균형은 보통 5~10퍼센트 대기시간의 비율로 설명될 수 있다. 자산집약적인 작업장에서는 주요 공정이 지속적으로 실행되는지, 대기 중인 기계의 비율이 10~20퍼센트로 낮게 유지되는지에 초점을 맞추어야 한다. 조립 또는 반자동 환경에서는 기술 이외의 제약이 적으므로 작업대의 대기시간이 5~15퍼센트를 초과해서는 안 된다.

작업장에서 기계만 대기 중인 것은 아니다. 재료, 재공품, 심지어 작업자들도 일부 시간을 대기하며 보낸다. 기계를 조작하는 작업자들은 대개 도구, 부품, 혹은 정보를 기다린다. 대기시간이 작업자에게 미치는 영향을 측정하는 가장 좋은 방법은 종종 작업자를 대상으로 표본 조사를 하는 것이다. 최종 사용자를 위한 가치를 창출하고 있는가? 아니면 무언가를 기다리는 것 외에 다른 일을 하는가? 대기 또는 비효율적인 논의는 작업 시간의 5~25퍼센트를 낭비하는 것이다. 이런 낭비를 해결하는 가장 좋은 방법은 구조화된 성과관리 시스템을 설계하고, 협업 솔루션을 통해 정보를 빠르게 공유하는 것이다.

반복적이거나 고된 작업을 탐지하는 것은 상대적으로 까다로운 편이다. 고정된 하나의 작업대에 서서 동일한 동작이 몇 차례 반복되는 동안 계속 관찰을 해야 한다. 반복 작업은 자동화하는 것이 비교적 수월하다. 관찰한 바에 따르면, 제조업계의 생산 현장에서 실행되는 현재 작업의 10~30퍼센트는 중단기 미래에 자동화될 수 있다. 일부 업무는 반복적이지 않더라도 직원들에게 동기를 부여하고 회사의 비전에 신뢰를 갖도록 하기 위해 자동화되어야 한다.

회사의 공식적인 미션과 열악한 근무 조건 사이의 간극은 인재를 유지하는 데에 가장 나쁜 영향을 미친다. 작업장이 얼마나 편리하고 편안하게 되어 있는지를 측정하는 가장 좋은 방법은 하기 힘든 자세와 동작을 찾아서 강도와 빈도를 측정하는 것이다. 예를 들어, 버튼을 누르기 위해 한 시간에 한 번씩 팔을 심장 높이까지 드는 행동은 비교적 안전하다. 그러나 10킬로그램 이상의 물건을 시간당 10회씩 운반하면 근육에 무리가 갈 수 있고 영구적인 부상으로 이어질 수 있다.

마지막으로, 디지털 세계에서는 정신적 피로도를 높이는 상황에 대해서도 고려해야 한다. 많은 업무가 디지털화되면서 효율성이 높아졌지만, 그로 인해 사람은 훨씬 더 여러 가지 일을 빠른 속도로 처리해야 한다. 가령 빈번한 커뮤니케이션으로 일상 업무가 자주 방해받고 '중단'되며, 이때 다시 집중하려면 적어도 2분은 필요하다. 여러 가지 업무를 동시에 처리하는 멀티태스킹을 할 때는 훨씬 더 피로도가 높고, 이때는 더 긴 '중단'이 필요할 수도 있다. 따라서 반복적이고 고된 작업으로 인한 낭비 요소를 관리할 때는 이러한 부분도 함께 고려되어야 한다.

관료주의도 비교적 발견하기 쉽고 측정하기 쉬운 낭비 중 하나이다. 작업장을 둘러볼 때 각 책상이나 작업대에 놓인 종이 서류의 양을 살펴보라. 일반적으로 관리자들은 행정 업무를 처리하는 데 5~20퍼센트의 시간을 사용한다. 그리고 대부분의 현장 작업자들은 여전히 5~10퍼센트 시간을 서류 작업에 사용하고 있다. 관료주의를 측정하기 위해서는 핵심 업무 프로세스에서 이루어지는 '지원' 기능에 대해 파악해볼 필요가 있다. 가령 개발자는 효율적이면서 최종 사용자에 초점이 맞춰진 개발 계획을 준비하는 데 많은 시간을 할애한다. 그리고 여러 가지 매개변수를 고려하기 위해 많은 양의 데이터를 제공받는다. 판매 혹은 마케팅 부문에서 시장 예측 자료를 제공하고, 생산관리자는 제품 제작상의 제약 사항에 대해 알려준다. 재고 현황, 제품 생산의 리드타임 등과 같은 정보는 디지털화되어 시스템에서 직접 추출할 수도 있다. 디지털 시스템에서 서로 다른 직능 분야의 데이터들이 잘 통합되어 있다면 이렇게 많은 지원 기능과 절차가 필요하지 않을 것이다. 관료주의는 조직 내 전체 업무 프로세스를 지연시키는 낭비 요소로 자주 발견된다.

만일 고객 서비스, 생산 효율성, 재고관리 등과 같은 부문에서 목표를 달성하지 못할 때는 우선 '의사결정' 시스템의 관료주의를 의심해봐야 한다. 신속하면서도 명확한 의사결정을 위해서는 현장 관리자가 위험과 실수를 감수할 자세가 되어 있어야 하고, 경영진 차원에서 권한 위임이 잘 이루어져야 한다. 하지만 이는 정량화하기 어려운 측면이 있으므로, '신속한 의사결정'에 대해서는 전체 업무 프로세스에서의 리드타임 그리고 작업자와 작업량의 비율을 통한 작업 효율성 등을 함께 비교해서 측정해야 한다.

가상의 낭비 관리: 협업을 방해하는 요인들 제거하기

관료주의의 일부 예처럼 눈에 보이지 않는 '가상의 낭비'에 대한 데이터를 포착하고 정보 흐름을 도식화하기 위해서는 꽤 많은 시간이 필요하다. 미활용 데이터, 부서 이기주의, 우유부단 그리고 사용자 불편이 모두 협업 가치를 방해하는 '가상의 낭비' 요인들이다.

우유부단함은 가장 측정하기 어려운 낭비 중 하나이다. 이를 측정하는 방법에는 두 가지가 있다. 첫째, 조직의 주요 회의에 참석하여 미세한 우유부단함을 탐지한다. 예를 들어, 현장 작업자 회의나 공장 경영진 회의 등 다양한 조직 단위의 회의에서 실행될 수 있다. 토론 내용을 듣고 회의 중에 언급된 모든 활동과 갈등의 세부사항을 기록한다. 그런 다음 명확한 책임자와 확실한 마감일 등 구체적인 결정을 이끌어내는 행동이나 토론의 비율을 기록한다. 일반적으로 회의에 할애되는 시간은 회사에 20퍼센트 미만의 가치만 더할 뿐이다. 이는 명확한 의제의 결여, 명확한 리더십의 부재, 행동과 결정을 공식화하는 도구의 부족, 지각이나 주의산만과 같은 다양한 요인에 의해 발생한다. 모든 참석자가 회의에 집중하고 있을 때라도 위험 수용도가 낮거나 권한 위임이 잘 안 되어 있으면 우유부단함이 발생할 수 있다. 우수한 인재 20명이 모여 두 시간이나 회의했는데, 막상 그다음에 무엇을 해야 할지 아는 사람이 아무도 없던 그런 경험이 있지 않은가?

우유부단함을 평가하는 두 번째 방법은 조직의 각 팀에서 업무 프로세스의 효율성을 측정하는 것이다. 핵심은 실제 작업 환경에서 팀이 중요한 의사결정을 하는 데 필요한 '리드타임'을 이해하는 것이다. 예를 들어, 회사 차원에서 연간 판매 계획은 작업량과 생산량의 균형을 맞추는 매우 중요한 과정이다. 연간 판매 계획과 관련한 중요한 의사결정에 필요한 정보와 데이터를 얻기 위해서 열 명의 사람이 하루에 한 시간씩 할애한다고 가정하자. 이 업무에 필요한 전체 시간을 50시간으로 잡으면 5일 만에 의사결정을 내릴 수 있게 된다. 이때의 리드타임은 5일, 즉 근무일 기준으로 일주일이다. 그런데 5명의 사람이 하루에 평균 한 시간씩 일한다면 리드타임은 2주일로 늘어난다. 중요한 의사결정 하나가 내려지는 데 필요한 리드타임은 최대 1개월을 넘지 않는 것이 좋다. 리드타임이 길어지면 추가 변수가 계속 발생해 필요한 업무 시간이 늘어나 비효율적이 되고, 이렇게 되면 업무 프로세스 전체에 영향을 미치는 악순환으로 이어진다.

이런 함정을 피하기 위해서는 리더가 의사결정 프로세스와 관련해 언제 경청하고 조언할지, 언제 결정을 내릴지에 대해서 그리고 자신의 역할과 책임을 어디까지로 할지에 대해서 명확한 기준을 갖고 있어야 한다. 대부분 사람은 이해당사자 대다수가 만족해야 좋은 결정이라고 생각한다. 하지만 제4차 산업시대에 좋은 결정이란, 모든 이해당사자의 말을 듣고 회사의 미션에 따라 투명한 과정을 거쳐 내린 명확한 결정이다. 이것은 무엇보다 리더십과 관련된 것이며, 이해당사자 대다수의 찬성이나 반대와는 상관없이 그에 대한 책임을 리더가 져야 한다.

우유부단함과 마찬가지로 부서 이기주의도 업무 현장에서 쉽게 확인할 수 없다. 부서 이기주의와 관련된 낭비를 측정하는 방법은 세 가지이다. 첫 번째 방법은 매일 현장에서 팀을 관찰하며 사람들이 서로 돕고 있는지, 다른 사업 부문 혹은 직능 분야에서 업무량의 균형이 잘 이뤄지고 있는지를 확인하는 것이다. 업무에 투입되는 자원과 그로부터 산출되는 결과의 균형을 맞추는 것은 초생산성에서 매우 중요한 요소이다. 이를 위해서는 합리적인 계획이 포함된 운영체제도 중요하지만, 부서 간의 협력 수준과 신뢰도가 높아야 한다. 가령 오늘 팀원 한 명을 다른 부서로 보냈다면, 내일 일손이 부족할 경우 다른 팀에서 인력 지원을 받을 수 있어야 한다. 제품 생산 공정이 이루어지는 작업대에서도 마찬가지다. 시스템의 문제든 혹은 다른 문제든, 작업 공정 간 균형이 깨져서 어느 한 라인의 작업 속도가 느려지고 있다고 가정하자. 이때 해당 라인으로 가서 다른 사람을 도울 수 있으려면 장차 비슷한 상황이 발생했을 때 나도 도움받을 수 있으리라는 믿음이 있어야 하지 않겠는가.

두 번째 방법은 핵심적인 업무 이외의 다른 활동을 관찰하는 것이다. 가령 서로 다른 팀 사람들이 모여서 각자 자기소개를 할 때 여전히 블루칼라와 화이트칼라를 구분하는 이분법적 패러다임이 보이는지 살피는 것이다. 이렇게 조직 생활의 세부적인 상황들을 관찰해보면 구성원들이 한 조직에 소속되어 있다고 느끼는지를 확인할 수 있다. 조직 전체에서의 협업 가치는 초생산성을 구축하는 데에 매우 중요한 요인이며, 이러한 관찰은 부서 이기주의를 없애고 협업 가치를 창출하는 데에 굉장히 유용하다.

세 번째로 부서 이기주의는 조직도를 통해서도 감지할 수 있다. 부서 이기주의가 제거되어 협업이 잘 되는 조직은 대개 수평적이며 빠른 의사 결정이 가능하다. 가령 현장 관리자와 같은 공간에서 일하는 작업자 간의 조직도상 거리를 살펴보라. 이를 통해 조직 구조가 얼마나 수평적인지, 부서 이기주의가 발생하지 않도록 예방하는 조직의 역량이 어느 정도인지 확인할 수 있다.

또 다른 가상의 낭비인 '사용자 불편'은 달리 말해 '사용자 친화적이지 않은 것'을 의미한다. IT 인터페이스 또는 일반적인 제조업계의 작업장에서 사용자 친화성 부족을 진단하기 위해서는 서로 다르지만 상호 보완적인 두 가지 방법이 있다. 첫 번째 방법은 작업장의 환경을 평가하여 관찰한 후, 사용자와 접촉하여 수정이나 개선이 필요한 부분에 대해 알아보는 것이다. 개선 내용을 세분화해서 목록을 작성하면 어떤 개선 방안이 가장 쉽고 강력하며 먼저 실행되어야 하는지 결정할 수 있다.

사용자 친화성을 이해하는 또 다른 방법은 '제로 베이스zero base'에서 시작하는 것이다. 즉 기존의 작업장이나 시스템이 없는 것으로 간주하고 모든 프로세스의 첫 단계부터 제품이나 서비스의 어떤 기능이 사용자에게 크고 놀라운 효과를 가져다주는지 검토하는 것이다. 이것은 사용자 경험의 질을 높이기 위한 것이고, 계속해서 해당 제품과 서비스를 다시 찾도록 유도하기 위한 것이다. 애플리케이션 전문가들은 니르 이얄Nir Eyal이 《훅: 습관을 만드는 신상품 개발Hook: How to Build Habit-Forming Products》에서 말한 트리거trigger, 행동, 가변적 보상, 투자라는 4단계를 활용해 사용자 경험에 '고리hook'를 만든다. 이 고리 때문에 사용자들은 해당 애플리케이션으로 반복적으로 돌아오는 충성도 높은 고객이 된다. 고리를 만들 때의 핵심 요건은 사용자의 부정적 감정을 해소해주고, 특별한 노력을 하지 않아도 쉽게 사용이 가능하며, 사용을 했을 때 충분한 보상이 따르도록 하는 것이다. 사용자 친화성 측면에서 충분한 고려 없이 도입되어 전혀 사용하지 않았던 기계, 로봇, IT 시스템이 있는가? 모든 작업 공간과 시스템을 사용자 친화성 측면에서 적절하도록 설계하고 개선하는 일은 초생산성을 실현하려는 조직에서 매우 중요한 과제이다.

데이터는 새로운 가치의 원천이기 때문에 모든 관리자는 활용되지 않은 데이터를 추적해야 한다. 하지만 '미활용 데이터'는 무형인 데다 이해하기도 쉽지 않아서 추적하기가 어렵다. 훌륭한 리더는 데이터를 활용해 올바른 의사결정을 할 수 있어야 한다는 것을 누구나 알지만, 막상 데이터를 활용한다고 해도 반드시 올바른 의사결정을 내리리라는 법은 없다. 따라서 의사결정 프로세스를 추적하는 방법으로는 미활용 데이터라는 낭비 요소를 측정하기 어렵다.

미활용 데이터로 인해 가치 창출의 기회를 놓치지 않으려면, 먼저 모든 팀에게 데이터 활용의 중요성에 대해 알려야 한다. 그런 다음 데이터의 수집, 관리, 활용이라는 세 단계를 통해 진단을 진행한다. 데이터 '수집'에 관해 측정하려면 현장과 시스템 그리고 자동화된 기계와 인터페이스를 각각 살펴야 한다. 현장에는 자동제어, 공정관리, 성과관리 등과 관련된 데이터가 있고, 시스템에서는 전사적자원관리와 제품수명관리, 고객관계관리, 생산관리시스템 등과 관련된 데이터를 찾을 수 있다. 데이터 '관리'를 측정하기 위해서는 핵심 업무 프로세스의 '데이터흐름도data stream mapping'라는 IT 도구를 이용해야 한다. 이를 통해 시스템 연결성, 사이버 보안, 시스템 아키텍처와 관련된 사항들을 점검할 수 있다. 데이터 '활용' 부분은 진단이 좀 더 쉽다. 먼저 주요 성과지표에 대한 개선 방안을 내놓고, 팀이 개선 방안을 실행하는 과정에서 데이터가 성과지표를 모니터하고 향상하는 데에 충분히 활용되는지 확인하면 된다.

교차 통합:
다섯 가지 경쟁우위 모델

조직의 통합 수준을 평가하려면 마이클 포터Michael Porter의 '다섯 가지 경쟁우위5-forces' 모델을 활용하는 것이 유용하다. 마이클 포터는 기존 경쟁업체, 진입 장벽, 제품이나 서비스의 대체 가능성, 공급자 교섭력, 구매자 교섭력을 다섯 가지 경쟁우위로 제시하고, 이 가운데 한 가지 이상의 분야에서 경쟁우위를 갖고 있어야 생존할 수 있다고 말했다. 그림 3.1은 이 포터의 모델을 제4차 산업시대의 디지털화 흐름에 적합하도록 수정하고 강화한 모델이다. 이 한층 강화된 포터의 모델에서 초점을 맞춰야 하는 다섯 가지 경쟁우위는 고객 가치, 진입 장벽, 공급 네트워크, 생태계, 협업 가치이다.

신기술을 활용한 고객 가치 제안의 개선

고객 데이터에 접근하는 것은 고객이 새로운 서비스에 비용을 지불하는 동기와 욕구를 이해하는 데에 매우 중요하다. '고객 가치 제안customer value proposition'을 개선한다는 것은 신기술을 활용하여 고객에게 더 가까이 다가가는 방법을 결정하는 것이다. 여기에는 디지털 기술을 활용한 제품과 서비스의 연결, 판매 혹은 유통 방식의 변화, 혹은 더 많은 고객 데이터의 분석 등 다양한 방법들이 있다. 어떤 경우든 고객의 요구를 더욱 정확하게 파악해 최대한 매력적인 가치 제안을 하는 것이 목표이다. 가령 전

그림 3.2 제4차 산업시대의 다섯 가지 경쟁우위 모델

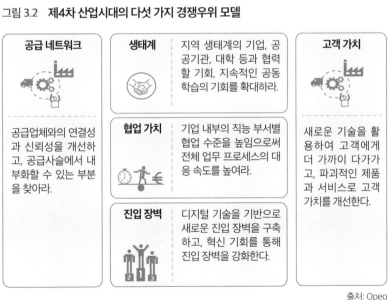

출처: Opeo

자제품을 판매할 때 이를 원격적으로 조정할 수 있는 디지털 장치를 서비스로 제공하면서 '에너지 효율' 측면에서 가치 제안을 할 수 있다. 이렇게 되면 기업은 고객 경험에 대한 더 많은 데이터를 얻을 수 있고, 점점 더 나은 가치 제안을 하는 데에도 도움을 받을 수 있다.

디지털 진입 장벽의 강화

잠재경쟁자의 진입을 막기 위한 장벽을 구축하고 강화하는 데에는 두 가지 방법이 있다. 첫 번째 방법은 현재의 진입 장벽을 살펴보고 새로운 기술을 이용해 강화할 수 있는지 알아보는 것이다. 예를 들어, 항공 산업 분야에서는 공급사슬 전체에 걸쳐 '추적가능성traceability'에 대한 강력한 요구가 있다. 추적가능성에 대한 요구란 어떤 부품이 만들어진 때부터 모든 사용자와 설치 내용을 명확하게 알 수 있도록 기록되어야 한다는 것을 말한다. 다쏘시스템은 이러한 요구에 대응하기 위해 보잉사와 보잉사의 공급사슬에 속한 모든 업체가 디지털로 연결되도록 하는 독특한 솔루션을 개발했다.

두 번째 방법은 현재의 비즈니스 모델에서 새로운 기술이나 잠재경쟁자로 인한 교란이 일어날 때 오히려 틀을 벗어나 생각하는 것이다. 즉 완전히 다른 비즈니스 모델을 통해 내부 혁신을 일으키거나, 아니면 혁신적인 스타트업을 인수할 수도 있다. 수자원 및 폐기물 처리를 전문으로 하는 글로벌 환경 기업인 수에즈Suez가 애플리케이션 기반으로 폐기물 시장을 혁신한 캐나다의 새로운 플랫폼인 루비콘Rubicon의 지분을 획득한 사례가 이에 해당한다.

공급 네트워크의 연결성 강화

가치흐름도에도 공급사슬 부분을 평가하기 위해서는 기업의 민첩성 가속화와 관련된 두 가지 중요한 질문을 해봐야 한다. 하나는 "내부에서 개발할 경우 더 빨리 공급할 수 있는 핵심 부품이나 하위 시스템이 있는 가?"이다. 다른 하나는 "신뢰성이나 대응성이 부족한 공급업체나 유통망이 있는가?"이다.

두 경우 모두 세 단계의 대응 방법이 있다. 첫 번째는 자동화 주문 시스템과 같은 신기술로 공급업체와의 연결성을 개선할 수 있는지 살펴보는 것이다. 두 번째는 공급사슬을 혁신하기 위한 기술을 검토하는 것이다. 가령 3D 프린팅을 도입하면 비용 절감, 리드 타임 단축을 통한 신뢰성 제고가 가능하다. 이는 연구개발 단계의 시제품 제작에도 해당하지만, 자동차의 플라스틱 부품 같은 부품 제작에도 해당한다. 세 번째 대응 방법은 공급업체를 인수하는 것이지만, 이는 재정 상태에 따라 좌우된다.

생태계 참여자 간 협력 기회 확대

디지털 시대에 새로운 가치 제안을 확대하고 네트워크 효과를 활용하기 위해서는 데이터 수집 능력이 필수적이다. 제조업계에서는 규모가 너무 작거나 고립되어 있어서 네트워크 효과를 관리하지 못하는 기업이 많다. 이로 인해 순수 디지털 기업에 의해 대체되는 위기가 실제로 발생한다. 이러한 위기에 대처할 수 있는 조직의 역량을 진단하는 몇 가지 방법이 있다. 먼저 지리적으로 가까운 잠재 협력업체에 대해 평가할 수 있다. 지역 내 제조기업들은 서로 다른 제품을 생산하고 있더라도 공통적인 관심사가 있을 것이다. 이를테면 이런 질문들이다. 어떻게 하면 새로운 기술을 개발할 수 있을까? 어떻게 하면 에너지를 절약할 수 있을까? 어떻게 하면 성과관리 시스템을 개선할 수 있을까? 어떻게 하면 생산 일정, 품질 관리, 공급 프로세스를 개선할 수 있을까? 어떻게 하면 젊은이들에게 매력적인 회사를 만들 수 있을까? 다행히 이러한 주제들은 이미 지역 기업가 모임이나 공공기관에서 주요 어젠다로 논의되고 있다.

가장 먼저 해야 할 일은 기존의 모든 네트워크를 연결해 지도로 만들어보는 것이다. 프랑스 자동차 산업 분야의 1차 공급업체가 신기술 기반의 연구소를 설립한 뒤 현지 중소기업들에 개방하여 프로젝트의 투자수익률을 개선하는 동시에 지역 경제 발전에도 기여한 사례가 있다. 네트워크를 개선하고 확대하는 또 다른 방법은 동종업계의 생태계를 활용하는 것이다. 대부분 국가에는 기업들이 가진 공통의 어젠다를 해결하기 위해 조직된 기관이 있다. 이 공공기관에서 다루는 어젠다가 충분하지 않다면, 공급업체나 협력업체 혹은 경쟁업체와도 협력해서 새로운 어젠다를 설계하고, 이를 관련 기관에 제안하라. 기술과 역량을 쌓는 데 도움을 받을 수 있는 지역 대학들과 연계를 검토하고, 필요하다면 기술 수준을 향상하고 지속적인 훈련이 가능한 공동 학습 프로그램을 제안하라. 대부분 기본 교육은 온라인 프로그램으로 가능하다. 이는 관리자와 기술자가 현장을 떠나지 않으면서 학습을 지속할 수 있는 좋은 방법이 될 수 있다.

내부 기능별 협업 수준 향상

전체 업무 프로세스의 민첩성과 대응력을 진단하기 위해서는 회사 내부의 핵심 직능별 연결성을 먼저 평가해야 한다. 평가는 다음과 같은 질문들을 통해 이루어진다. 두 직능 부서의 상호 반응 속도가 빠른가? 두 직능 부서의 연결이 서로의 성장에 도움이 되는가? 두 직능 부서의 연결이 업무 프로세스의 효율성에 기여하는가? 두 직능 부서가 복잡한 문제를 함께 해결할 수 있는가? 두 직능 부서의 리더는 필요에 따라 협업하고 공통의 의사결정을 내리는가?

이러한 평가 작업은 일상적인 성과관리, 핵심 성과지표, 문제해결을 위한 공식 회의 등을 통해 이루어지는데, 목적은 전체 업무 프로세스에서 취약한 연결고리를 찾아내 강화하는 것이다. 취약한 연결고리를 강화할 때는 협업 도구와 디지털 솔루션을 통해 정보 공유 속도를 높이고, 작업 표준을 활용하며, 실시간 커뮤니케이션을 확대하는 것이 필요하다. 예를 들어, 맞춤형 시스템에 특화된 한 전자 기업은 리드타임을 개선하고 불량률을 개선하기 위해 기술 서비스 직능과 생산 직능 간의 연결이 절실히 필요하다고 진단했다. 처음에는 서로의 잘못을 탓하느라 두 부서 모두 좌절했다. 생산 부서는 기술 서비스 부서에서 문제를 해결하지 못해서 신뢰할 수 있는 생산 계획을 내놓을 수 없다며 불만을 터트렸고, 기술 서비스 부서에서는 리드타임이 길어지고 불량률이 높은 건 모두 생산 부서의 문제들이라고 주장했다. 그들은 문제를 해결하기 위해 매일 만나서 효율적인 협업에 관해 토론한 덕분에 생산 계획 단계부터 함께 협력해서 우선순위를 정하고 실행 계획을 공유할 수 있었다. 이를 통해 두 부서 간의 긴장감이 해소되었을 뿐만 아니라 리드타임과 불량률 역시 크게 줄어들었다.

소프트웨어 융합:
데이터 흐름과 신기술의 결합

소프트웨어 융합에 관한 잠재력을 평가할 때는 우선 신기술을 다룰 때의 전형적인 문제들에 대해 확인해야 한다. 이를 위해서는 데이터의 흐름에 따른 네 가지 신기술을 기반으로 각각 확인하는 것이 필요하다. 네 가지 신기술은 데이터를 수집하는 사물인터넷, 데이터를 분석하는 기계학습과 빅데이터, 데이터를 시각화하는 시스템 및 시뮬레이션 도구, 데이터를 물리적으로 변환하는 기술에 해당하는 로봇과 3D 프린팅이다.

네 가지 핵심 기술을 기반으로 소프트웨어 융합의 수준을 측정하려면 가치사슬 전체에 대한 평가와 각 직능 분야에 대한 개별 평가가 함께 이루어져야 한다. 그림 3.2의 스마트 매트릭스smart matrix는 네 가지 기술이 가치사슬의 전체와 각 직능 분야에 미치는 영향, 즉 신뢰성, 효율성, 품질, 반응성, 추적성, 민첩성 등을 측정하기 위한 유용한 도구이다. 기술을 이용해 소프트웨어 융합 수준을 개선하는 방법에는 여러 가지가 있지만, 그렇다고 해서 방법론이 분산되는 것은 바람직하지 않다.

첫 번째 단계는 회사의 사업과 경쟁력 측면에서 주요 이슈가 무엇인지 파악하는 것이다. 그런 다음 이 주요 이슈가 가치사슬의 어떤 직능 분야와 관련이 있는지 확인한다. 마지막으로 스마트 매트릭스를 사용해 해당 직능 분야의 이슈를 해결하는 데에 필요한 기술이 무엇인지 파악한다. 유명한 명품 시계 회사의 예를 들어보자. 이 회사에서는 공급사슬 흐름이 원활하지 않아 반복적으로 재고 소진이 발생했다. 그들은 재고가 없어 판

그림 3.3 **스마트 매트릭스: 어떤 기술이 필요한가?**

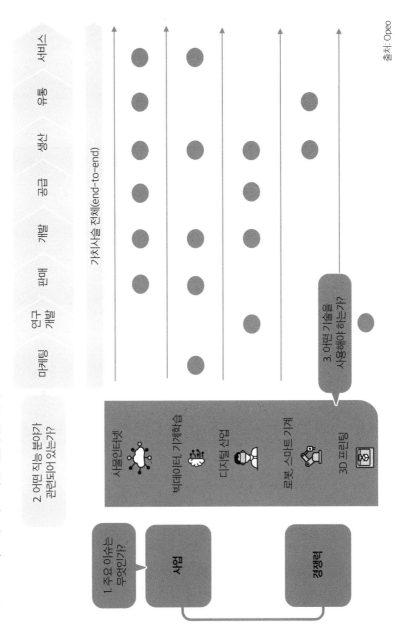

출처: Opeo

매 기회를 놓치는 이슈를 해결하기 위해 시장 출시 시간을 단축하고 판매 예측 정확성을 높여야 한다고 판단했다. 그리고 이를 위해 먼저 사물인터넷 기술을 활용해 매장에서의 고객 행동을 추적함으로써 정확한 일일 판매량 관련 데이터를 수집했다. 그리고 빅데이터 알고리즘 기술을 이용한 데이터 분석으로 신뢰성 높은 예측을 얻어내고, 이를 바탕으로 판매 계획을 수립했다. 이 판매 계획은 시장 출시 시간을 단축해야 하는 개발과 생산 분야의 각 공정에 전달되었다.

플랫폼 트랙션:
기하급수적 성장 기회의 선점

——

플랫폼 트랙션을 진단하는 가장 좋은 방법은 두 개의 축을 기반으로 사업 영역과 직능 분야를 세분화하는 것이다. 그림 3.3에서 보듯이, 가로축은 사업 영역의 전략적 중요도를 나타내고, 세로축은 사업 동력으로서의 혁신성을 나타낸다. 전략적 중요도에 따라 부가 사업이냐 핵심 사업이냐로 구분되고, 혁신성은 점진적 개선이냐 파괴적 혁신이냐로 구분된다.

플랫폼 트랙션의 기회를 탐색할 때 핵심은 플랫폼의 힘을 활용하여 시장의 인기를 끌고 '최고의' 이익을 창출할 기회를 찾는 것이다. 그리고 궁극적인 목표는 기존의 모든 자원을 활용해 기하급수적으로 성장할 수 있는 활력 넘치는 에너지를 갖는 것이다. 예를 들어, 제조장비업체라면 경쟁자들을 포함해 세계 모든 공장에서 사용되는 기계에 서비스를 제공하

그림 3.4 혁신성과 전략적 중요도 매트릭스

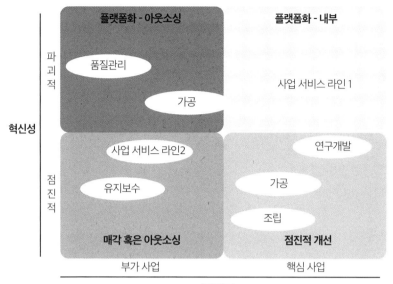

출처: Opeo

는 플랫폼이 되는 것을 목표로 해야 한다. 그런 다음 모든 서비스 라인의 혁신성과 중요도를 평가해 매트릭스로 세분화하고 구체적인 실행 계획을 수립한다.

매트릭스 좌측 하단에 있는 직능 분야, 즉 전략적 중요도가 낮으면서 점진적 개선만 필요한 직능 분야라면 매각을 하거나 아웃소싱을 고려해야 한다. 전략적으로 중요한 핵심 사업이지만 혁신성이 낮은 직능 분야라면 점진적 개선 프로그램을 활용해도 된다. 혁신성이 높다고 판단되는 직능 분야라면 디지털 플랫폼화를 통한 네트워크 효과를 활용할 기회로 판단해야 한다. 다만 전략도 중요도가 높은 핵심 사업이라면 내부적으로 플랫폼화를 추진하되, 전략도 중요도가 낮은 부가 사업이라면 플랫폼화를 아웃소싱하는 것을 고려하라.

제조장비업체에서 최근 가장 큰 사업 동력은 '사물인터넷'이다. 대부분의 제조장비업체는 서로 연결된 시스템에 데이터를 보낼 수 있는 사물인터넷 기술을 이용해, 기계를 판매할 때 유지보수 일정을 관리하고 에너지 소비를 관리하는 서비스를 함께 제공하는 문제를 고려하고 있다. 만일 어떤 제조장비업체가 파괴적 혁신을 통해 핵심 사업 영역에서 플랫폼 주도권을 잡을 수 있다면, 이 회사로 상당히 많은 관련 데이터가 들어와 쌓일 것이다. 그러면 이 빅데이터를 활용해 혁신적인 서비스를 더 많이 제공할 수 있게 될 것이다. 그리고 나머지 제조장비업체들은 플랫폼 트랙션을 통해 시장을 통합한 이 회사의 공급업체로 머물게 될 것이다.

플랫폼 주도권을 잡는 핵심은 가장 먼저 움직이는 것이다. 그런 다음 다른 경쟁업체들과 동맹을 맺고, 순수 디지털 기업들과 제휴를 맺고, 스타트업 생태계를 활용하고, 내부적으로 역량을 구축하는 최고의 전략이 무엇인지 확인하는 것이다.

품질, 유지보수, 개발, 공급, 연구개발, 생산 등 내부의 각 직능 분야에서도 동일한 접근방식을 사용할 수 있다. 특히 커다란 사업 동력을 갖고 있으면서 핵심 사업 영역에 속한 직능 분야라면 플랫폼을 통해 네트워크 효과를 창출하는 방법을 생각해야 한다. 예를 들어, 대규모 설비를 특징으로 하는 장치산업에서는 자산 투자의 규모가 크기 때문에 '유지보수'가 핵심적인 직능 분야이며, 따라서 주요 자산의 설비종합효율을 개선하는 작업은 매우 기본적이면서 일상적인 업무이다. 동시에 사물인터넷, 생산

관리시스템, 기계학습 등의 발전 덕분에 기계 및 설비의 유지보수 분야는 파괴적 혁신이 이루어질 가능성도 매우 높다. 따라서 장치산업 분야에서 어느 정도 규모를 갖춘 기업이라면 '원격 정비'나 '예측 정비' 서비스를 제공할 수 있는 시스템 구축을 위해 내부적으로 직능 분야를 추가하는 것을 고려해야 한다.

스토리 메이킹:
조직의 DNA와 리더십 분석

스토리 메이킹의 진단은 두 단계를 거친다. 우선 비전이 조직의 주요 구성 요소들과 일치하는지, 또 외부의 생태계에도 에너지를 전달하는지 확인한다. 그런 다음에는 조직의 일관성을 좀 더 잘 유지할 수 있는 방향으로 리더십 스타일을 조정한다.

조직의 일관성을 위한 스토리 요소

조직의 일관성을 유지할 수 있는 비전을 세우고 스토리 메이킹에 성공하기 위해서는 조직의 주요 구성 요소들, 즉 DNA를 먼저 속속들이 파악해보아야 한다. 그런 다음 그 DNA 요소들이 공동의 비전과 일관성을 가질 수 있도록 각 팀의 업무, 목표, 행동방식 등을 조정해야 한다.

첫 번째 DNA는 조직의 '기초 요소'라고 할 수 있는 것들이다. 그간의 주요 이력과 역사를 살펴서 기업 문화의 주요 강점과 공유 기반을 평가해보라. 만약 '공기의 질을 개선'하기 위한 제품을 설계하고 생산하는 회사라면, 바로 '공기의 질 개선'이라는 고객 가치를 활용해 영감을 주는 메시지로 바꿀 필요가 있다. "우리 기업은 여러 고객사가 내부 시설의 공기 질을 개선할 수 있도록 지원해왔습니다. 우리에게는 좋은 환경에서 일하는 것이 고객사와 직원들의 건강을 위한 필수 요건이라는 강한 믿음을 갖고 있습니다."

두 번째 DNA는 조직의 '주요 관점'에 관한 것이다. 우선 조직의 주요 영역별 도전 과제를 나열해보라. 그런 다음 각각의 도전 과제에 직면하면서도 지금까지 핵심 기반으로 유지해온 주요 관점을 유지할 방법을 알아보라. 예를 들어, 고객의 사생활 보호가 사업을 유지해온 핵심 기반이라면, 이 회사는 데이터 혁명의 흐름에 도전하는 동시에 개인정보를 비롯해 고객의 권리들을 보호하는 방법을 고민해야 한다.

세 번째 DNA는 '진화 동력'이다. 조직에 자부심을 심어주고 미래에 대

그림 3.5   스토리 메이킹의 네 가지 요소

 기초 요소 현재의 문화와 DNA를 이끌어낸 긍정적 요소는 무엇이며, 자부심을 느끼게 하는 주요 요소는 무엇인가?

 주요 관점 주요 도전 과제는 무엇이며, 어떤 상황에서도 DNA의 필수 구성 요소로 간직하고 싶은 것은 무엇인가?

 진화 동력 고객, 생태계, 사회에 봉사할 수 있는 주요 공유 기반은 무엇이며 이를 위한 핵심 강점은 무엇인가?

지배 구조 주요 이해관계자들은 어떻게 상호작용하고 가치 창출을 결정하는가? 그리고 이를 위해 필요한 사고방식은 무엇인가?

출처: Opeo

한 포부를 밝힌 다음에는 구체적인 목표를 달성할 수 있는 핵심 강점에 대해 말해주어야 한다. 예를 들어, 틈새시장에서 큰 성장을 목표로 정하는 것은 포부를 보여주는 좋은 방법이다. 하지만 동시에 그렇게 하기 위한 핵심 전략 및 운영상의 강점을 열거할 수 있어야 한다. 가령, 팀의 역량을 강화하는 학습 능력, 첨단기술에서의 경쟁우위, 핵심 프로세스에서의 민첩성 등이 예가 될 수 있다. 조직이 가진 자원을 활용하는 방법에는 여러 가지가 있지만, 가장 중요한 것은 그것들을 어떻게 부각해 강점으로 만들 것인가 하는 부분이다.

네 번째 DNA는 조직의 '지배구조'와 관련된 것들이다. 최고경영진, 주주, 관리자, 직원 그리고 외부 협력업체와 서로 어떻게 영향을 주고받는지 확인하라. 이는 주로 기업의 내부와 외부에서 내려지는 의사결정 구조를 통해 확인된다. 그다음에는 건전한 지배구조 유지를 위해 어떤 사고방식이 필요한지 확인하라. 예를 들어, 지배구조 유지를 위해 상향식 의사결정이 필요한 상황이라면, 기업과 생태계의 모든 주요 이해관계자들에게 신뢰와 존중, 경청이 기반이 되는 사고방식을 요청해야 한다.

스토리 메이킹으로 롤모델 만들기

스토리 메이킹은 기업 외부의 세계, 특히 고객과 정기적으로 소통하기 위한 것이며, 한편으로는 기업과 기업이 속한 업계에서 '롤모델'이라고 여길 만한 특정 리더십을 구축하는 작업이다. 이는 기업 내부와 외부에서의 커뮤니케이션, 현장에서의 구체적인 행동을 통해 이루어진다.

우선 커뮤니케이션과 관련한 첫 번째 과제는 기업의 비전과 관련해 리더로서 자신만의 '어젠다'를 결정하는 것이다. 어젠다를 정하고 발전시키기 위해서는 자신이 속한 산업 분야에 대한 전문성이 뒷받침되어야 한다. 리더로서 당신은 경쟁사에 대한 정보를 찾아 읽거나, 혹은 디지털 영역의 신기술에 대한 지식을 습득하는 등 전문성을 쌓기 위해 얼마나 많은 시간을 투자하는가? 이러한 콘텐츠를 읽거나 분석하는 데에 자신이 활동하는 시간의 10퍼센트 정도를 할애한다면 적당할 듯하다. 사실 만병통치약과 같은 그런 해결책이란 없다. 중요한 것은 기업 외부에서 만들어지는 정보와 각종 콘텐츠를 지속적으로 탐색하는 것이다. 소셜네트워크, 화상회의, 컨설팅 자료, 전문 서적이나 잡지 혹은 신문, 온라인 대중강좌 등은 모두 외부 콘텐츠를 탐색하기에 유용한 도구들이다.

두 번째 과제는 고객 및 미디어와 직접 커뮤니케이션하기 위해 어떤 채널을 사용해야 하는지 확인하는 것이다. 리더로서 직접 관여해야 할 콘텐츠와 내부 커뮤니케이션 부서에 위임해야 할 콘텐츠를 나누는 것도 필요하다. 그런 다음 그 콘텐츠를 어떤 채널을 통해 어떤 주기로 전달할 것인지 등에 대해 고민해야 한다. 이러한 결정들은 자신이 속한 산업 분야와 고객층에 따라 달라질 수 있다. 또 기업이 B2C 위주인지 B2B 위주인지에 따라서도 다른 전략과 접근법이 필요하다.

다음에 현장에서의 행동과 관련해서도 두 가지 과제가 있다. 첫 번째는 리더로서 자신의 어젠다와도 관련이 있다. 매일 실질적인 현장 방문에 얼마나 많은 시간을 할애할 것인가? 현장에서 구체적으로 어떤 활동을 할 것인가? 현장 활동과 관련해서는 세 가지 유형이 있다. 하나는 현장을 돌아보면서 작업 프로세스가 핵심 성과지표에 나타난 내용과 일치하는지 확인하는 것이다. 다른 하나는 개인이나 그룹을 관찰하고 이들이 성장하고 발전할 수 있도록 체계적인 피드백을 제공하는 것이다. 이러한 활동들을 통해 직접 정보를 얻을 수 있고, 우선순위를 정하여 전략이 적절한지 확인할 수 있다. 앞서 설명한 여덟 가지 낭비 원인을 추적하고 개선할 방법을 찾을 수도 있다. 마지막 활동은 일부 프로젝트에 직접 참여함으로써 복잡한 문제를 해결하는 데 도움을 주는 것이다. 가령 어떤 공장 관리자는 하루 한 시간씩 문제해결을 위한 회의에 참석한다. 매일 참석하는 팀이 다르거나 다루는 주제가 달라진다.

두 번째는 앞에서 언급한 세 가지 현장 활동을 할 때의 태도에 관한 것이다. 리더의 능력을 평가하는 방법의 하나는 성과 검토, 현장 방문, 일대일 토론 등과 같은 전형적인 리더십 업무에 대한 태도를 평가하는 것이다. 리더는 실천가로서 현장을 주기적으로 방문하고, 때로는 스스로 롤모델이 되어 프로젝트를 이끌 수 있어야 한다. 또 리더는 코치로서 팀원들의 발전을 위해 구조화된 피드백을 제공해야 한다. 각 팀이 문제해결 속도를 높이고 업무 프로세스의 민첩성을 높이도록 요구해야 하며, 이를 위해 끊임없이 질문하고 동기부여를 해야 한다.

스타트업 리더십: 관리 시스템과 경영 태도

스타트업 리더십은 팀에 비전을 전달하는 동시에 팀원들의 역할과 책임에 대한 조정을 통해 더욱 자율적이고 적극적인 행동을 이끌어내는 능력과 관련이 있다. 그리고 이러한 능력은 강력한 관리 시스템과 경영 태도에 바탕을 두고 있다.

강력한 관리 시스템

우선 관리 시스템의 첫 번째 요소는 '디지털화'이다. 관리 시스템의 디지털화가 얼마나 진척되었는지를 진단하는 좋은 방법은 관리자가 다양한 활동에 소비하는 시간을 측정하는 것이다. 디지털화는 가치 창출을 위한 시간을 더 많이 제공하고, 행정 업무를 위한 종이 사용을 줄이고, 재작업 및 불편한 시스템을 없앤다. 일반적으로 제3차 산업시대에는 행정 업무가 업무 시간의 15~20퍼센트를 차지했지만, 새로운 시대에는 5퍼센트 미만으로 떨어졌다.

디지털화의 진정한 힘은 조직 내부의 연결 속도를 높이는 데서 나타난다. 따라서 디지털화를 위한 에너지는 서로 다른 직능 부서와 서로 다른 직책의 구성원을 연결하는 데에 집중되어야 한다. 가령 생산 부문과 기술 부문이 밀접하게 연계된 첨단기술 분야의 기업이라면, 우선 두 부문 간의 협업 솔루션을 테스트해봐야 한다. 즉 의사결정 속도를 높이고 업무 프로세스에서 대응성과 민첩성을 높이며 재작업을 없애는 데에 솔루션이 적합한 역할을 하고 있는지 테스트하고, 그에 따른 조정 작업을 해야 한다.

동시에 성과를 모니터하는 데에 필요한 시간도 점검해야 한다. 경쟁에서 이기기 위해서는 이 시간을 몇 주에서 며칠로, 며칠에서 몇 시간 또는 몇 분으로 줄여야 한다. 이는 성능 높은 경보 시스템과 통신 도구를 통해서 실현할 수 있다.

마지막으로 과업 추적관리와 일반적인 문제해결이 디지털 기술을 활용해 이루어지고 있는지 점검해야 한다. 이를 통해 성과 모니터링 및 지식의 활용 수준을 획기적으로 개선할 수 있다.

스타트업 리더십을 위한 관리 시스템의 두 번째 요소는 생태계와 관련이 있다. 즉 외부 생태계의 기술과 지식을 어떻게 활용할 것인가 하는 문제이다. 이를 확인하기 위해서는 핵심 직능 부문과 지원 부문에서 각각 외부의 기술과 지식을 배우거나 활용하는 데에 사용하는 시간을 분석해봐야 한다. 특정 기술 분야에서 내부 역량이 부족할 때 어떤 방법으로 외부 생태계의 도움을 받는가? 생태계의 도움을 받을 때는 어떤 채널을 주로 활용하는가? 이 채널에는 네 가지가 있는데, 첫째는 정부 기관과 산업 분야별 협회와 단체이다. 둘째는 컨설팅회사나 기술전문회사와 같은 협력업체이고, 셋째는 스타트업이다. 그리고 넷째는 고객·경쟁사·공급업체 등의 생태계 참여자들이다.

세 번째 요소는 지원 부문의 역량으로서, 제4차 산업시대에 부합하는 형태로 발전했는지를 확인해야 한다. 이를 위해서 우선은 지원 업무에 어느 정도의 시간을 할애하고 있는지 측정한다. 다음은 지원 업무가 얼마나 표준화되어 있는지 파악한다. 마지막으로는 지원 업무의 자동화를 확대하는 것이 필요하다. 이를 통해 자재수급계획 시스템에 데이터를 일일이 입력하고 프린트해서 확인하는 것과 같은 단순 데이터 처리 업무는 사라질 것이다. 기존에 지원 부문에서 수행했던 생산 일정관리와 같은 업무의 경우, 앞으로는 애플리케이션의 활용, 표준 프로세스 설정 그리고 생산 부문 인력을 대상으로 디지털 프로그램 활용 능력을 키우기 위한 학습 기회를 제공하는 것으로 전환되어야 한다.

스타트업 리더십의 경영 태도

경영 태도에 대한 관찰은 주요 직능 부문과 지원 부문에서의 모든 경영 활동을 통해 이루어진다. 이때 중요한 질문은 "리더의 태도가 회사의 핵심 가치와 부합하는가?"이다. 그리고 "리더가 롤모델로서 실천적이고 도전적인 태도로 팀의 발전을 지원하는가?"에 대해서도 확인해야 한다.

이에 대한 진단은 대개 세 가지 경영 활동을 통해 이루어진다. 첫 번째는 비전을 제시하고, 행동을 추적하고, 토론을 이끌었던 프로젝트의 성과를 평가하는 것이다. 두 번째는 현장을 방문했을 때 상황을 통제할 수 있고 중요한 문제를 찾아낼 수 있는지 확인하는 것이다. 세 번째는 문제해결을 위한 회의를 할 때 팀원들의 참여를 이끌어내는 수평적 태도를 취하는지 확인하는 것이다.

자기 학습:
기술 중심의 평가
─

인간과 기계의 결합을 위한 '자기 학습' 역량은 테슬라주의의 핵심이다. 조직의 학습 역량을 진단하려면 세 가지 주요 요소를 각각 평가해야 한다. 첫째는 장차 필요하게 될 기술 수준과 비교했을 때의 현재 기술 수준이고, 둘째는 조직 내부의 혁신 역량이다. 그리고 셋째는 명확한 성장 프로세스를 포함한 역량 강화 시스템이다.

미래에 필요한 핵심 기술

제조업의 미래를 준비하기 위해서는 첨단 과학 기술과 더불어 '소프트 스킬soft skill'이 필요하다.

우선 과학 기술과 관련해서는 모든 비즈니스 모델과 경쟁력의 측면에서 핵심 기술이 무엇인지 파악해야 한다. 제4차 산업혁명과 관련된 모든 기술을 내부적으로 습득하는 것은 불가능하므로 '우선순위'를 정하는 것이 중요하다. 내부적으로 개발하려는 핵심 기술을 파악한 후에는 각 직능 분야별 평가를 통해 조직 전체에 공유할 수 있는 모범적이고 선도적인 사례가 있는지 파악해야 한다. 예를 들어, 설계 부문이나 생산 부문은 조직의 다른 부문에 비해 '기술'의 개발과 적용에 있어 앞서는 경우가 많다. 내부에서 참고할 만한 사례를 찾기 어렵다면 외부 생태계의 학교, 연구소, 전문가 그룹 등을 통해서 기술 역량을 강화하기 위한 학습 계획을 수립해야 한다.

소프트 스킬은 공감력, 창의성, 분석적 사고, 복잡한 문제해결 능력이나 프로그래밍 능력과 관련이 있다. 세계경제포럼은 최신 연구 결과를 인용해, 전체 업무 시간에서 기계가 차지하는 비중이 2018년 29퍼센트에서 2025년에는 52퍼센트로 증가할 것으로 예측했다. 손을 이용한 작업이 줄어들고 단순 계산이나 기록 작업이 사라짐에 따라 노동자들에게 새로운 기술이 필요하게 되었는데, 그것이 바로 '소프트 스킬'이라 부르는 것들이

그림 3.6 새로운 시대에 요구되는 소프트 스킬

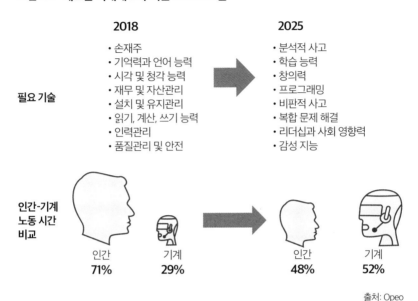

출처: Opeo

다. 이러한 변화에 조직 전체가 어떻게 대응하고 있는지 확인해야 한다. 우선은 인재 채용 절차나 평가 시스템 등 인사에 소프트 스킬과 관련한 부분이 반영되어 있어야 한다. 더욱 중요한 점은 조직의 전체 구성원이 이러한 변화의 필요성을 인식하고, 패러다임 전환에 적극적으로 참여하는 것이다.

조직 내부의 혁신 역량

모든 혁신 활동과 마찬가지로 '인더스트리 4.0' 혁신 프로젝트도 전담 조직과 프로그램이 주도하고 지원해야 한다. 기업에서 테슬라주의를 도입하고 혁신을 진행하고자 할 때는 다음 세 가지 요소에 초점을 맞춰야 한다.

첫째는 제4차 산업혁명과 관련한 최고경영진의 인식 수준과 능력이다. 최고경영진이 직접 다른 기업의 혁신 활동을 모니터하고 벤치마크하는가? 최고경영진을 위한 콘퍼런스나 학습 프로그램에 참여하는가? 최고경영진에 직접 보고하는 전용 프로그램이 있는가? 최고경영진이 새로운 기술을 활용하기 위한 전략을 정확히 이해하고 있는가?

둘째는 디지털 기술을 통한 시스템 전환과 이를 주도하는 혁신팀의 활동이다. 제3차 산업시대에는 도요타주의에서 파생한 효율적인 생산 시스템을 설계하는 것이 혁신팀의 주요 임무였다. 이러한 혁신팀은 대개 산업공학, 품질관리 등의 기술적 배경을 가진 팀원들로 구성되었고, 카이젠에 대한 교육을 받았다. 마찬가지로 테슬라주의를 적용하기 위해서는 디지털 기술을 통한 시스템의 구축과 변혁을 전담하는 혁신팀이 구성되어야 한다. 그리고 이 혁신팀은 시스템 전환을 위한 활동 외에 현장에서 직접 기술과 소프트웨어를 적용하고 테스트하면서 '개념증명'을 이끌어야 한다. 소프트웨어가 생산 시스템의 DNA처럼 되도록 만드는 것이 그들의 역할이다.

셋째는 조직에 최적화된 혁신 프로그램을 구축하고 운영하는 책임자의 역할이다. 테슬라주의를 적용하려는 대부분의 기업은 가장 먼저 관련 인재를 채용하거나 훈련해야 한다. 주요 임무는 기존의 운영체제와 디지털 기술을 융합하는 것이다. 이러한 새로운 임무를 위해서는 최고경영진과 함께 명확한 비전을 설계하고 에너지를 불어넣을 수 있는 능력, 최고경영진이 혁신 프로그램과 관련된 이슈들이 무엇인지 확실히 인식하도록 돕는 능력을 갖춘 인재가 필요하다. 이러한 인재는 조직 내부의 역량과 외부 세계의 역량을 모두 활용해 최적화된 기술과 시스템을 찾고 혁신 프로그램의 진행 속도를 조정할 수 있어야 한다. 혁신 프로그램을 시작할 때 가장 먼저 해야 할 일은 바로 이러한 임무를 수행할 책임자를 찾는 것이다. 한 대형 기계제조업체의 CEO는 공장 관리자 출신의 IT 책임자를 최고 디지털책임자로 임명하고 혁신 프로그램을 이끌도록 했는데, 이것이 새로운 비즈니스 모델을 개척하고 혁신하는 데 성공을 거둔 중요한 열쇠였다고 밝혔다.

역량 강화 시스템

조직 내부의 기술 수준과 혁신 역량을 진단했다면, 이제는 조직이 자체 역량을 구축할 능력을 갖췄는지 확인할 필요가 있다. 시스템 자체에 대한 평가와 더불어 신기술을 현장의 각 팀에 이전할 수 있는 능력에 대해 평가해야 한다. 이 평가는 다음 세 가지 측면에서 이루어진다.

첫째는 학습 내용이다. 내부 학습 내용이 최신인가? 학습 내용을 업데이트하는 과정이 지속적인 개선 주기와 연결되었는가? 인적 자원에 대한 학습에서 외부 자원과 전문지식을 어떻게 활용하는가? 이러닝이나 온라인 대중강좌가 충분히 장려되는가? 강의실 수업과 현장 실습의 비율이 적당한가?

둘째는 학습 과정이다. 모든 직원에게 개인적인 학습 목표가 있는가? 핵심 기술과 관련된 역량이 향상된 정도를 측정할 수 있는 핵심 성과지표가 있는가? 모든 관리자가 자신의 팀을 위한 특정 학습 계획을 설계했는가? 학습 과정과 방법론에 대한 직원들의 만족도를 주기적으로 평가하는 과정이 있는가?

셋째는 관리 및 코칭 기술이다. 성과에 대한 검토를 포함한 기존의 코칭 기술 외에 새로운 시대에 필요한 관리 기술을 개발해야 하는데, 그 기술들은 대부분 소프트 스킬이다. 이러한 새로운 관리 기술을 개발하고 학습하기 위해서는 관리자들의 근본적인 태도 변화가 먼저 이루어져야 한다. 그 변화는 두 가지인데, 첫째는 새로운 관리 기술을 학습하기 위해 매일 정기적으로 시간을 할애해야 한다는 점이다. 둘째는 관리자들 스스로 새로운 관리 기술에 요구되는 행동에 익숙해져야 한다는 점이다.

디지털화를 통한 전략적 변화

디지털화를 통해 기업의 전략적 변화를 꾀하는 것은 가장 영향력 있는 방법이지만, 이를 실행하는 것은 그리 단순하지가 않다. 많은 투자를 해야 할 뿐 아니라 변화의 목표와 방법론에 대한 적극적인 설득도 필요하다. 무엇보다 디지털화를 위한 전략적 변화를 실행하기 위해서는 다음 네 가지 원칙을 반드시 고려해야 한다.

진정한 변화는 위에서 시작한다

조직의 리더들이 누구의 간섭도 없이 스스로 결정하고 책임져야 하는 세 가지가 있다. 비전을 설계하는 리더로서의 어젠다, 혁신을 이끄는 리더로서의 사고방식 그리고 자신이 이끄는 직속 팀의 구성원들이다.

첫째, 리더의 어젠다는 비전을 토대로 하되, 언제나 현장에 초점을 맞추어야 한다. 어젠다를 정한다는 것은 리더로서 더 깊이 관여해야 할 주요 프로젝트와 문제해결 회의를 정해야 한다는 뜻이기도 하다. 또 좀 더 집중적으로 관찰하고 코칭을 제공할 부서를 결정해야 한다는 뜻이기도 하다.

둘째, 혁신을 이끄는 리더로서 테슬라 사고방식을 실현하고자 한다면 언제 어디서나 학습을 장려해야 한다. 이는 달리 말해, 위험을 감수하고, 현상에 머무르는 것을 거부하고, 실패 가능성을 받아들이고, 도전할 수 있는 겸손함을 갖추고, 더욱 실용성을 추구하고, 진보의 속도에 더 집중하는 것을 의미한다.

셋째로, 리더는 자신이 이끄는 직속 팀의 모든 팀원이 이러한 사고방식을 갖고 지속적으로 학습하고 있는지도 늘 확인해야 한다.

변화를 위한 강력한 비전을 전파하라

세계에 영감을 주는 비전을 설정하고 이에 관해 외부 세계와 적극적으로 커뮤니케이션하는 것은 새로운 변화를 꾀하는 기업이 성공하기 위한 핵심 요인이다. 목표는 조직 내부, 고객 그리고 생태계에 변화를 위한 에너지를 불어넣는 것이다. 앞에서 살펴보았듯이, 이러한 비전과 스토리는 조직의 기초 요소, 주요 관점, 진화 동력, 지배구조라는 네 가지 요소를 통해 개발될 수 있다. 만약 리더의 비전이 충분히 강력하고 조직이 충분히 유연하다면, 엄청난 변화를 일으킬 수 있을 것이다.

그러나 기존의 대규모 조직에서는 전통적인 활동에 피해가 된다는 이유로 변화의 속도를 늦추려는 갈등이 자주 발생한다. 이러한 함정을 피하는 대응 방법에는 두 가지가 있다. 첫 번째는 순수 디지털 기업에서 고도로 동기부여된 인재들을 대거 영입하고, 그들에게 높은 수준의 책임감을 부여하는 것이다. 두 번째는 외부 경쟁업체에 대한 방어적인 투자를 진행하는 것이다. 위험률을 낮추기 위해서는 투자 시기가 이를수록 좋다. 앞에서도 예를 들었던, 폐기물 처리 분야의 선두주자인 수에즈가 소기업의 폐기물 수요를 집계할 수 있는 플랫폼을 개발한 스타트업 루비콘에 투자한 사례가 바로 여기에 해당한다.

사용자 경험의 혁신에 초점을 맞춰라

일론 머스크가 교차 통합을 기반으로 시장 수요 대응성과 독창적인 서비스 개발에 집착하는 이유는 고객 가치를 높이는 것, 즉 '사용자 경험'이 테슬라의 핵심 목표이기 때문이다. 2017년 순추천지수NPS[18] 조사에서 테슬라가 96퍼센트라는 높은 수치를 기록한 이유도 바로 여기에 기인한다. (동일한 조사에서 애플은 72퍼센트, 아마존은 69퍼센트를 기록했다.) 그렇다면 어떻게 해야 이런 결과를 얻을 수 있을까?

첫째, 테슬라주의를 조직 전체에 전달하기 위해서는 모든 직원이 '고객의 삶을 편리하게 하겠다'라는 공통 목표를 위해 협력해야 한다. 다시 말

---

18 NPS는 'Net Promoter Score'의 약자로, 순추천지수는 해당 제품이나 서비스를 다른 사람에게 '추천할 의향이 있느냐'는 하나의 질문에 대한 응답을 토대로 고객 만족도를 측정한 것이다.

그림 3.7　시장 대응성과 사용자 경험 매트릭스

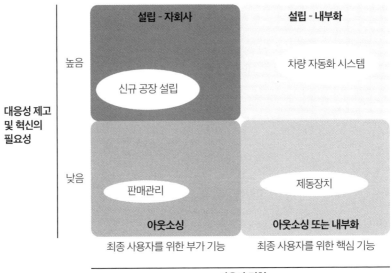

출처: Opeo

해, 모든 직원의 업무가 고객을 위한 독특하고 차별적인 사용자 경험을 만드는 데 초점이 맞춰져야 한다.

둘째, 시장 수요 대응성을 높이려면 주요 공정을 외부 공급업체에 맡기는 대신 내부 역량으로 개발해야 한다. 그리고 어떤 공정과 기능을 내부화할지 결정하기 위해서는 사용자 경험, 대응성 제고 및 혁신의 필요성이라는 두 축을 중심으로 각 공정과 기능에 대한 분석을 진행해야 한다. 이는 그림 3.6과 같은 매트릭스로 표현할 수 있다. 사용자 경험을 위한 핵심 기능이면서 대응성 제고 및 혁신의 필요성이 높은 공정이라면 내부화를 진행한다. 사용자 경험 측면에서 핵심 기능은 아니지만, 대응성 제고 및 혁신의 필요성이 높은 공정이라면 자회사를 설립하거나 다른 회사를 인수한다. 최종 사용자를 위한 핵심 기능이 아니고 대응성 제고 및 혁신의 필요성도 낮은 판매관리SG&A와 같은 기능은 아웃소싱한다. 최종 사용자에게 핵심 기능이지만, 대응성 제고 및 혁신의 필요성이 낮은 공정이라면 아웃소싱할지 혹은 내부화할지 결정해야 한다.

명확한 플랫폼화 전략을 채택하라

어떤 비즈니스 영역이나 시장은 파괴적 혁신을 통한 플랫폼 트랙션의 대상이 될 수 있다. 만일 이런 시장을 발견했다면 어떻게 플랫폼을 구축할지 고민해야 한다. 자체 플랫폼을 구축할 것인지, 아니면 기존 플랫폼을 활용할 것인지, 혹은 경쟁업체와 제휴할 것인지 등을 결정해야 한다. 이에 대한 의사결정을 위해서는 다음 페이지 그림 3.7의 매트릭스와 같이, 최종 사용자와의 접근성과 시장의 디지털 성숙도에 따른 세분화 작업이 도움이 될 것이다.

시장의 디지털 성숙도가 낮고 최종 사용자에게 직접 접근할 수 있다면 자체 플랫폼을 구축해야 한다. 디지털 성숙도가 낮고 최종 사용자에게 직접 접근하기 어려운 시장이라면 고객과 손을 잡고 함께 플랫폼을 만들어야 한다. 시장의 디지털 성숙도가 높고 고객에게 직접 접근할 수 있다면 경쟁업체와 제휴해야 한다. 일부 경쟁업체는 이미 플랫폼을 구축하기 시작했거나 구축을 준비하고 있을 것이기 때문이다. 시장의 디지털 성숙도가 높지만, 최종 사용자에게 간접적으로만 접근할 수 있다면 기존 플랫폼을 활용해야 한다. 플랫폼을 통한 데이터 수집에는 한계가 있지만, 사업

그림 3.8 **시장의 플랫폼화 의사결정 매트릭스**

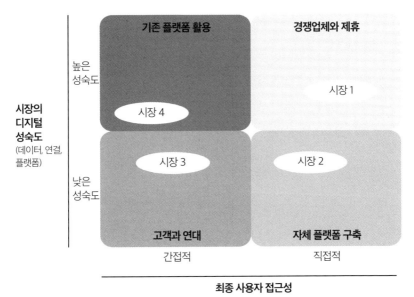

출처: Opeo

을 확장하고 매출을 늘리는 데에는 도움이 된다.

자체 플랫폼을 구축하기로 결정했다면 다섯 가지 중요한 요인을 반드시 기억해야 한다. 첫째, 잠재적 사용자에 대한 연구를 통해서 플랫폼의 용도에 집중해야 한다. 이 단계에서는 기술이 전혀 문제가 되지 않는다. 둘째, 학습을 통해 잠재력이 없는 아이디어를 확인하고 그것을 취하지 않을 용기도 필요하다. 셋째, 규모를 키우기 전에 개념을 입증하라. 손해를 보더라도 모델과 시장을 입증하는 데 많은 시간을 투자하면 기하급수적인 비용 없이도 규모를 늘릴 수 있다. 시작이 좋으면 수익은 기하급수적으로 늘어날 것이다. 넷째, 구매자와 판매자 모두를 설득하기 위해서는 플랫폼을 시작하는 데 필요한 사용자가 몇 명인지 그 '마법의 숫자'를 계산해야 한다. 다섯째, 처음부터 아마존 같은 플랫폼을 만들려고 해서는 안 된다. 한 번에 한 가지 주제에 집중해 단계적으로 성공하고 확장하겠다는 전략으로 접근해야 한다.

테슬라주의를 위한 운영체제의 혁신

제조기업에서 테슬라주의를 적용하기 위한 전략적 변화가 성공적으로 진행되려면 조직의 운영체제 역시 강력한 혁신을 통해 업그레이드되어야 한다. 운영체제를 혁신하기 위해서는 민첩한 변화 능력을 키우고, 낭비 요소를 제거하며, 산업용 소프트웨어를 활용해 관리 시스템과 운영 프로세스를 개선해야 한다.

운영체제 혁신을 위한 주요 지침과 도구

초생산성, 소프트웨어 융합, 스타트업 리더십 실현을 위해서는 신기술이 회사의 목표와 미션에 부합하는 경쟁력 향상으로 이어져야 하며, 또 이를 위해서는 시험 후 학습, 상향식 접근법 그리고 통합적이고 세련된 하향식 접근법 사이에서 균형을 잘 잡아야 한다. 어떤 경우든 성공의 열쇠는 낭비를 최소화하는 데 필요한 올바른 기술을 찾아내고, 조직 구조와 업무 프로세스를 조정하고, 기술력을 갖추고 변화를 관리하는 체계적인 방식으로 개발을 이끄는 것이다.

조직의 주요 낭비 발생원을 파악했다면, 올바른 기술적 솔루션을 확인하고 개선 가능성과 실행의 어려움을 비교해야 한다. 다만 제4차 산업시대에는 뭐든 오래 기다려주지 않는다는 점을 기억해야 한다. 그러므로 '시험 후 학습'이라는 애자일 접근법으로 신속하게 개념증명을 시작해야하며, 이때는 실수나 실패 모두 하나의 선택 사항이 된다. 가장 중요한 점은 '자기 학습'이다. 어쨌든 배우는 것이 있어야 한다는 것이다.

개념증명은 다음과 같은 일반적인 순서에 따라 이루어진다. 먼저 낭비를 확인해서 이에 적합한 기술 솔루션을 선택하고, 사용자 요구와 제약사항을 깊이 이해한 상태에서 맞춤형 솔루션의 내부 테스트와 개선을 진행하고, 그다음 빠른 실행·빠른 개선·짧은 주기를 특징으로 하는 스크럼 scrum[19] 방식을 애자일 방식에 연결해 솔루션의 개념증명을 시작한다.

관료주의를 제거하는 솔루션의 사례

관료주의는 제조업계의 고전적인 낭비 요인이다. 관료주의의 주요 결과물인 서류 작업은 실수의 위험을 높이고, 업무 효율성을 방해하고, 지구에 남기는 탄소발자국을 늘리고, 관리자와 지원 기능을 위한 행정 업무에 상당한 시간을 소비하는 결과로 이어진다.

관료주의를 없애기 위한 좋은 방법은 생산 계획, 품질관리, 고객 서비스 등 주요 기능을 디지털화하는 것이다. 이를 위해서는 먼저 주요 서류

---

19 스크럼은 애자일 방법론의 하나로 하나의 프로젝트를 소규모의 팀 단위로 나누어 짧은 주기를 반복하며 동작 가능한 제품이나 서비스를 만들어내는 것을 말한다. 잦은 시행착오를 통해 지속적인 개선을 함으로써 목표에 부합하는 결과물을 만들어내기 위한 방법론이다.

작업을 분석하여 각각의 기능을 어떻게 디지털 솔루션으로 대체할지에 대해 먼저 파악해야 한다. 그런 다음 간단한 사물인터넷 기술이나 바코드 기술을 이용해 파일과 생산 부품, 사용자 인터페이스로 사용되는 태블릿을 추적할 수 있다. 이후 애자일 접근법으로 며칠간 개선 작업을 진행한 후, 특별히 훈련된 사용자들과 함께 솔루션을 테스트해볼 수도 있다. 솔루션을 통해 서류 작업이 사라지면 업무 효율성을 높이고 불량률을 낮출 수 있다.

작게 시작해 빠르고 일관성 있게 확장하라

조직의 각 부문에 여러 가지 솔루션을 보유하는 것은 초생산성과 소프트웨어 융합의 원칙에 어긋난다. 현장에서 애자일 접근법으로 검토된 솔루션은 IT 시스템 아키텍처로 통합되어야 한다. 이 아키텍처를 운영하는 책임자인 아키텍트는 회사의 비전과 전략에 근거해 솔루션의 우선순위를 정하고, 새로운 솔루션을 기존 운영체제와 연결하는 체계적인 접근법을 제안해야 하며, 모든 관리 영역에서 솔루션이 구현되도록 해야 한다. 위에서 언급했던 서류 업무를 없애기 위한 솔루션으로 돌아가면, 검증된 기술 솔루션을 통해 먼저 생산 시스템에서 일정관리와 품질관리, 유지보수 등의 기능을 강화할 수 있다. 그리고 이 솔루션이 표준화된 운영체제로 통합되면 조직 내 모든 부서에서 '제로 페이퍼'를 실현할 수 있게 된다.

지속적인 자기 학습이 가능한 환경

무엇보다도 자기 학습에는 위험을 무릅쓸 용기와 도전을 받아들이는 겸손이 필요하며, 어떤 어려움도 목표 의식과 끈기로 극복할 수 있다는 마음가짐이 있어야 한다. 그렇다면 다르게 학습하고, 다르게 일하는 환경을 만들기 위해서는 어떻게 해야 할까? 테슬라를 비롯해 인더스트리 4.0 혁신에서 선도적인 기업들이 조직을 혁신하고 있고, 동시에 인력을 채용하고 개발하기 위한 남다른 환경을 만들어내고 있다. 하지만 여전히 제조업계의 대다수 사람은 이를 달성하는 것이 불가능하다고 생각한다. 그런데 그들은 사실 인더스트리 4.0 혁신에 성공했기 때문에 인재를 영입할 수 있었던 것이 아니라, 그 반대로 인재를 영입하기 위해 엄청난 노력을 기울인 덕분에 새로운 기술의 힘을 활용할 수 있게 된 것인지도 모른다.

외부 세계와 함께 작업을 시작하라

앞에서도 언급했듯이, 제조업계의 기업이 디지털화를 통한 전략적 변화를 꾀하는 방법 중 하나는 디지털 세계 출신의 뛰어난 인재를 대거 영입하는 것이다. 하지만 이러한 전략은 중소기업에서 적용하는 데에 한계가 있다. 이런 경우에는 외부와의 협업으로 신속하게 방향을 틀어야 한다. 예를 들어, 외부 기술 전문가와 함께 새로운 기술에 대한 개념증명을 하는 프로젝트를 시작할 수 있다. 여기서 목적은 다르게 일하는 방식을 학습하고 테스트하면서 신기술을 기업 내부로 이전하기 위한 역량을 갖추는 것이다.

학습하기 좋은 환경을 제공하라

눈에 보이는 변화를 만드는 방법 중 하나는 연구소에 투자하는 것이다. 연구소가 개방되어 있고 접근이 용이하다면 신기술에 대한 직원들의 관심과 학습 의욕을 고취하는 데에 큰 도움이 된다. 지금까지 성공을 거둔 대부분의 혁신 프로그램은 일상적인 업무와 현장의 작업대에서 일어나는 변화에 초점을 맞춘 것들이었다. 따라서 연구소를 설립할 때는 생산 부서와 최대한 가까운 곳에 만들어야 한다. 그리고 작업 환경, 효율성, 일반적인 성과를 개선하는 구체적인 프로젝트에 직원들이 참여하도록 해야 한다.

그런데 지속적인 자기 학습이 가능한 환경을 만들기 위해서는 일상적인 업무와 활동이 이루어지는 모든 공간을 바꾸는 것이 더 중요하다. 화장실, 구내식당, 벽의 색깔, 조명 그리고 일과 직접 관련 없는 모든 부분에 과도할 정도로 투자하라. 최고의 기술 솔루션을 제공하는 것보다 직원들이 학습하기 좋고 일하기 좋은 환경을 제공하는 것이 먼저이다.

기계학습과 인공지능을 두려워하지 마라

대부분의 제조기업에서는 기계학습과 인공지능이라는 개념을 불편해한다. 그래서 데이터를 적극적으로 수집하지 않으며, 새로운 사업 모델을 설계하는 데에 필요한 빅데이터 분석 기술도 잘 사용하지 않는다. 하지만 새로운 기술을 학습하고 도구로 사용한다는 것은 스포츠를 배우는 것과 같다. 즉 연습을 많이 하면 할수록 결과가 더 좋아진다. 제품 수요와 매출 예측, 위험 및 불량 예측, 제품 성능 업그레이드 등 여러 분야에서 기계학습 활용을 서두를수록 미래 역량 구축에 유리하다. 사실 기계학습은 적은 투자로 엄청난 결과를 얻을 수 있는 기술 분야이다. 예를 들어, 식품업계의 한 기업은 박테리아 오염 위험을 예측하는 기계학습 모델 덕분에 매일 물탱크 청소를 하는 1.5시간을 절약할 수 있었다. 이런 공장이 100개 이상이라면 그 영향력이 엄청날 것이다. 인공지능의 경우 제조업 분야에서 특별히 내부화해야 할 기술은 아닐 수 있다. 그런 경우에는 외부 생태계의 전문성을 활용하면 된다.

기업 DNA에 애자일 방법론을 주입하라

조직의 모든 팀에서 '시험 후 학습' 방식이 작동하도록 훈련할 필요가 있는데, 이때 디지털 원주민인 젊은 직원들을 활용하는 것이 도움이 된다. 그들은 매우 짧은 주기로 기회를 테스트하고, 자연스럽게 다른 생각을 하고, 상황을 반복적으로 개선하려는 애자일 방법론에 적합한 성향을 갖고 있기 때문이다. 이러한 방법론은 디지털 생산의 지속적인 개선뿐 아니라 엔지니어링, 연구개발 그리고 프로젝트 관리 프로세스에도 적용될 수 있다. '시험 후 학습'은 밀레니얼 세대의 민첩성을 활용하는 한편, 이를 오랜 경력을 가진 직원들의 전문성과 결합하는 좋은 방법이기도 하다. 우선은 시범 프로젝트로 시작하고 끊임없는 커뮤니케이션을 통해 조직 전체에 퍼지도록 하는 방식이 유리하다. 이러한 과정을 성공적으로 진행하려면 IT 기술자와 운영자가 함께 모인 융합팀을 만드는 것도 잊어서는 안된다. 애자일 방법론을 적용하려면 민첩성이 가장 중요하므로, 사용자 경험을 바탕으로 매일 신속하게 코딩하고 솔루션을 개선할 수 있어야 한다.

미쉐린 사례:
제품과 자산에 대한 새로운 정의

———

타이어 제조업계의 글로벌 강자이자, 인간과 제품의 모빌리티 시장에서 선도적 위치를 차지하고 있는 미쉐린은 제4차 산업시대의 장점을 최대한 활용하기 위해 전략적·산업적·상업적 접근 방법을 완전히 전환하였다. 설립된 지 100년이 넘은 이 기업이 변화의 순간을 맞이한 것은 이번이 처음은 아니다. 미쉐린은 늘 스스로 의문을 품었고, 더 강한 기업으로 발전할 수 있다는 희망으로 새로운 산업혁명에 발맞추려고 노력했다. 미쉐린의 글로벌 기술이사인 필립 올리에르Jean-Philippe Ollier는 제4차 산업혁명이 미쉐린에 안겨준 기회와 도전에 대해 자세히 설명해주었다. 올리에르는 미쉐린에서 20년간 기술 부서 관리자, 공장장, 생산이사로 일했으며, 그다음 10년간은 글로벌 항공기 타이어 부문과 중남미 사업부 등에서 일했다.

고객 중심의 디지털 융합에 대한 비전

"디지털화는 데이터 활용을 통해 회사 자산을 효율적으로 사용함으로써 고객에 대해 더 잘 이해하고, 더 나은 서비스를 제공하는 것을 의미합니다." 미래 산업을 위한 미쉐린의 전략에 대한 이런 정의는 그 변화가 회사와 고객들에게 어떤 영향을 미칠지 이해하는 좋은 출발점이다. 미쉐린의 타이어는 데이터와 인공신경망을 통해 연결된 덕분에 단위당 판매가 아니라 용도에 따른 판매를 할 수 있게 되었다. 예를 들어, 항공기 타이어 부문에서 미쉐린은 비행기의 착륙 횟수에 따라 계산서를 발행한다. 트럭 타이어 부문에서는 거리에 따른 계산서를 발행한다. 이러한 변화에 따른 첫 번째 효과는 판매된 타이어를 '자산'으로 인식하여 제품수명주기에 성능을 지속적으로 업그레이드하는 데에 더욱 신경을 쓰게 되었다는 점이다. 두 번째 효과는 고객 가치가 커진 것인데, 타이어 구매비를 절감하는 동시에 타이어 사용을 최적화하는 데에 도움이 되었다. 지속가능한 성능을 보장함으로써 제품 사용 기간이 길어지고 재활용 비용도 낮아졌다.

디지털 전환의 핵심은 현장에 있다

미쉐린의 새로운 접근법은 생산팀의 작업자가 매일 이용하는 데이터와 제품수명주기에 고객이 사용하는 데이터 간의 밀접한 관계를 기반으로 한다. 따라서 현장 생산팀에서 디지털 연속성을 보장하는 사용자 인터페이스를 갖추는 것이 매우 중요하다.

이러한 디지털 전환을 위해 미쉐린은 생산 현장 데이터의 통신과 활용을 용이하게 하는 구체적인 솔루션을 마련했다. 이에 따라 작업자는 좀 더 큰 책임감을 갖고 일하게 되었다. 또 고위 경영진이나 지원 부문에서 다루던 생산 계획, 인재 채용, 휴일 계획 등의 여러 분야에서 팀의 자율성을 강화하는 방안도 채택되었다. 올리에르는 "미래의 공장은 책임의식이 높은 사람들로 채워질 것"이라고 말했다. 이를 위해 견고한 기초가 구축되어야 하고 튼튼한 생산 시스템이 필요할 것이다.

사용자 기반의 맞춤형 통합 정책

타이어를 자산으로 간주하고 제품수명주기를 최적화하는 접근법을 위해 미쉐린은 고도의 '통합'과 특화된 '유통'이라는 이중 전략을 사용한다. 우선 미쉐린은 통합을 추진하기 위해 자산의 전략적 요소가 반영된 '맞춤형' 전략을 채택했다. 이는 경쟁사와 차별화된 제품 개발을 지속한다는 의미이기도 했다. 미쉐린은 전체 프로세스 가운데 차별화 전략 측면에서 경쟁우위를 제공하지 않는 분야에서는 외부 업체와 협력하기로 했다.

유통 전략과 관련해 미쉐린은 유통망의 강점을 활용하면서도 최종 사용자와의 관계를 유지할 수 있는 협력 관계 정책을 채택했다. 예를 들어, 항공기의 착륙 횟수를 기준으로 항공사에 계산서를 발행하거나 주행 거리를 기준으로 트럭 회사에 계산서를 발행할 때 미쉐린은 협력사에 요청하여 현장 분석을 실시하고 타이어의 유지보수를 위한 서비스를 제공한다. 이 작업은 일반적으로 국내 유통업자가 맡아서 하는데, 미쉐린은 사용자 기반 유통 전략을 추구함으로써 그동안 경쟁력이 없었던 시장에 접근할 수 있었다. "프리미엄 미쉐린 타이어를 구입하는 데 어려움이 있는 운송 회사의 경우에는 기존 주행 거리를 기준으로 가격이 책정된 재생 타이어를 구매할 수 있습니다."

사회적 책임을 위한 커뮤니케이션

올리에르는 이러한 사업적 측면 외에도 사회적 책임에 대한 미쉐린의 비전에 대해서도 강조했다. "제품 불량률을 20퍼센트 줄인다는 것은 타이어 소비량이 20퍼센트 감소한다는 의미이며, 생산 능력을 20퍼센트 감소한다는 말은 재활용할 타이어가 20퍼센트 줄어든다는 의미입니다. 이는 사회 전체에 이익이 됩니다." 미쉐린의 브랜드 이미지를 형성하는 중요한 요소로서 이러한 사회적 책임에 관한 비전은 젊은 인재들을 끌어들이는 데에 그리고 디지털화의 긍정적인 영향력을 전파하는 데에도 큰 도움이 된다.

지속가능한 학습 시스템, 강력한 생산 시스템, 더 큰 책임의식을 갖도록 하는 관리 시스템, 사용자 기반의 디지털화 전략과 맞춤형 통합 전략, 일관성 있는 비전을 통해 사회적 책임을 강조하는 커뮤니케이션이라는 특성으로 설명되는 미쉐린의 조직 운영 모델은 제4차 산업혁명의 장점을 효과적으로 활용하고 있을 뿐 아니라, 테슬라주의의 전략, 기술, 인간, 사회와 관련한 일관성 있는 시스템을 제대로 보여주는 사례이다.

엠앤엠즈 사례:
더 강력한 생산 시스템

초콜릿 브랜드 엠앤엠즈M&M's의 맞춤 초콜릿 제작 서비스인 마이엠앤엠즈My M&M's는 제4차 산업시대의 떠오르는 별과 같은 강력한 조직이다. 마이엠앤엠즈는 사용자가 직접 디자인한 엠앤엠즈를 생산할 수 있는 모델을 개발하고, 이를 엄청난 속도로 구현해내는 수완을 보여주었다. 마이엠앤엠즈에서 프로세스 관리와 운영 개발을 담당하고 있는 발레리 메스메예르Valérie Metzmeyer는 역동적인 스타트업 관리자로서, 체계적인 운영방식이 특징인 마이엠앤엠즈 모델의 강점과 특수성에 대해 열정적으로 설명해주었다.

디지털화를 통한 고객 관계 구축

메스메에르는 마이엠앤엠즈의 유럽 진출에 대해 이야기할 때마다 흥분을 감추지 못했다. "우리는 프랑스 진출을 결정한 지 9개월 후인 2006년 12월에 이미 프랑스 시장에 제품을 출시했습니다!" 이후 모든 것이 매우 빠르게 진행되었다. 마이엠앤엠즈의 미국 사업부에서 개발한 프린트 기술 덕분에 프랑스 공장은 초콜릿으로 코팅한 엠앤엠즈 생산을 즉시 개시할 수 있었다. 이를 통해 매장에서의 구매와는 다른 방식으로 고객을 끌어모으는 데 성공을 거두었다. 엠앤엠즈의 온라인 쇼핑몰에서는 또 다른 유인책을 사용했다. 고객이 인생의 중요한 순간을 원하는 방식대로 기념할 수 있는 맞춤형 엠앤엠즈를 만들어줌으로써 진정한 성취감을 느끼게 해주었다. 고객들은 엠앤엠즈의 색상, 그림, 포장 그리고 관련 상품까지 취향에 맞게 제작하는 역할에 푹 빠져들었다. 엠앤엠즈는 고객과 친밀한 관계를 구축한 덕분에 10년 만에 매출이 열 배나 늘었다.

대응력 높은 민첩한 생산방식

엠앤엠즈라는 브랜드가 놀라운 성장을 할 수 있었던 중요한 비결은 '대응력'으로 요약된다. 엠앤엠즈는 고객 요구에 더 잘 대응하기 위해 더 민첩한 생산 시스템을 필요로 했다. 물론 이는 쉽게 실현되는 일은 아니었다. 예를 들어, 성수기에는 생산 라인이 세 배 더 늘어나므로 빠르게 기술을 익힐 수 있는 작업자가 추가로 더 필요했다. 추가된 작업자들이 빠르게 기술을 익히도록 하려면 생산 기능에 관련된 정보와 지식이 잘 정리되어 있고 이것을 효과적으로 학습할 방법도 마련되어야 했다. 생산 공정 또한 최대한 단순해야 했다. "린 생산방식은 굉장히 유용하지만, 그것만으로는 충분하지 않았습니다. 새로운 시대에는 에너지 넘치는 비전과 강한 책임의식을 기반으로 하는 더 강력한 생산 시스템이 필요했습니다." 더 복잡한 문제는 직원들의 개인적인 문제가 작업 능률에 미치는 영향을 관리하는 것이었다. 관리자들은 직원들의 말을 경청하는 한편 그들에게 상황을 충분히 설명해야 했고, 직원들의 조직 내 대인관계를 잘 조율해야하는 임무도 부여받았다.

외부 개방성을 토대로 한 가치체계의 통합

엠앤엠즈의 모회사인 마스그룹Mars Goup의 장기적 차별화는 품질, 책임, 상호성, 효율성, 자유를 중심으로 구축된 가치체계에 뿌리를 두고 있다. 이는 마스그룹이 중요하게 생각하는 기업 문화의 특성이기도 하다. 그들은 매일매일 내리는 모든 의사결정에서 함께 일하는 동료 및 협력사에 대한 책임감과 존중을 강조한다. 이는 테슬라의 '세 개의 동심원 모델'처럼 '자기 학습'을 중심에 두고 회사의 안과 밖에 모두 활력을 불어넣는 운영 방식과 비슷하다. 직원들은 새로운 기술을 사용하고 지속적으로 학습하도록 장려된다. 회사는 매우 강력한 디지털 전자상거래 플랫폼과 스타트업 모델에 부합하는 전문인력 통합을 기반으로 매우 유연하고 협업적인 '초생산' 도구를 사용하도록 조직되었다.

이러한 탁월한 운영방식 덕분에 마스는 2018년 '일하고 싶은 기업' 리스트에 세 번째로 이름을 올리며 프랑스에서 매우 매력적인 기업으로 자리 잡았다. 어쨌든 마스가 매우 성공적인 경험을 쌓았음은 의심할 여지가 없다. 마스는 마이엠앤엠즈의 성공이 그룹 내 다른 사업 분야에 가져올 변화에 대해서도 크게 기대하고 있다. 마스는 마이엠앤엠즈를 통해 제4차 산업시대가 이미 와 있다는 사실을 증명해 보였다.

테슬라주의가 여전히
성공적인 이유

제4차 산업혁명은 이미 진행 중이다. 이 새로운 시대의 강점을 자신의 것으로 만들거나 활용하려면 기술의 진보를 이끄는 요소들에 대해 면밀히 살펴보아야 한다. 각 산업혁명과 함께 실질적인 패러다임 전환은 '파괴적인' 기회를 만드는 한편, 경제 발전과 인류의 행복에 심각한 위험을 초래하기도 했다. 변화에 대한 일반적인 저항과는 별도로, 모든 산업혁명에 내재된 엄청난 복잡성을 고려할 때 제4차 산업혁명에 대한 반응 역시 기업마다 다를 것이다. 그럼에도 제4차 산업혁명이 불러온 변화들에 대해 정리해보는 것은 매우 중요하다.

제4차 산업혁명은 어떻게 진화할 것인가

첫째, 공유경제는 인류가 지구에 남기는 발자국을 개선하는 좋은 기회를 제공했다. 공유가 늘어날수록 소비가 줄어들고 자원을 아낄 수 있기 때문이다. 동시에 공유가 늘어나면서 일자리는 줄어드는 부정적 결과도 나타났다. 또 공유경제는 세금 등과 관련된 입법 과정이 충분히 논의되지 않고 있다는 점 때문에 경제 전반에 위험을 초래하기도 한다. 에어비앤비가 그런 사례이다. 에어비앤비는 전 세계가 필요로 하는 총 주택의 수를 줄이는 동시에 수요와 공급의 균형을 유지하는 새로운 시장을 만들어냈다. 이는 집주인이나 여행객에게 좋은 사업이었다. 여기에 더해 에어비앤비는 사람들의 교류를 촉진하고, 다양한 방법으로 여행할 수 있게 해주었다. 하지만 역시 일자리는 확연히 줄어들었다. 에어비앤비는 여행객을 위한 다른 숙박업체에 비해 훨씬 적은 인력만을 고용하고 있다. 더욱이 집주인과 여행객 사이의 직접 거래에 대해서는 세수 계산이 매우 복잡할 뿐더러 통제할 수도 없다. 이러한 상황은 공유 플랫폼을 규제하는 혁신적인 시스템을 어떻게 만들 것인가에 대한 새로운 문제를 제기했다.

둘째, 인간과 기계, 제품 사이의 초연결은 우리 삶의 질을 한층 높여주었다. 지금 우리는 온라인에서 '원클릭'으로 제품과 서비스를 구매할 수 있고, 아이를 돌보면서 회사가 아닌 곳에서 일할 수 있으며, 화상회의 덕분에 불필요한 출장을 가지 않아도 된다. 또 초연결은 풍부한 데이터를 생성하는데, 이를 통해 기업은 고객을 위한 더욱 친숙한 대응법을 개발하고 최적화된 서비스를 제공할 수 있다. 기업들은 데이터를 내부 생산 공정을 최적화하고 제품을 더 저렴하게 생산하는 데에도 활용할 수 있다. 물론 이러한 변화에는 개인정보의 잘못된 사용, 업무와 사생활의 모호한 경계, 사이버 보안 문제 등 많은 위험 요소도 수반되었다.

셋째, 제4차 산업혁명은 개인의 자유를 확대했고, 신기술로 수많은 기회를 창출했다. 기하급수적인 진보로 인해 새로운 기술들이 융합되고 제

3차 산업시대에는 완성되지 않았던 개념이 구체화하면서, 이전에는 존재하지 않았던 도구의 개발이 가능해졌다. 로봇공학은 고된 집안일을 자동화하여 우리의 일상을 계속해서 더 편리하게 만들어줄 것이다. 그리고 3D 프린팅은 복잡한 제조 과정을 단순화함으로써 제조업 분야의 생태학적 발자취를 줄여줄 것이다. 또 제품이 생산되는 곳과 소비되는 곳의 근접성을 높여줌으로써 지구의 치유력을 높이는 데에도 기여할 수 있다. 기술의 진보는 평생학습의 혜택을 받을 신세대에게 커다란 성취감의 원천이 될 것이다. 그러나 같은 현상이 또 한 번 나타나면 새로운 창조 동력이 되기 전에 대규모 일자리 파괴로 이어질 수도 있다. 이에 대한 분석은 모순적인 수치로 나타난다. 독일, 한국, 일본 등 로봇밀도가 높은 국가들의 실업률은 상대적으로 더 낮다. 반면 역사적으로 제조업 부문의 일자리 창출률은 국내총생산 증가율보다 낮았는데, 이는 제조업 부문이 다른 산업 부문과 비교해 생산성 향상 규모가 더 컸다는 방증이기도 하다. 대체로 기술 발전이 반드시 고용을 창출하지는 않는다.

마지막으로 초집중화는 본질적으로 분열을 일으키는 현상이다. 이미 '시스템에 속한' 사람들, 즉 세계 10대 대도시에서 일하며, 대학 학위를 가지고 있고 여러 언어를 구사하는 사람들에게 초집중화는 분명히 훌륭한 기회다. 인재들이 전 세계적으로 몇 개의 지역에만 집중된다면, 이런 지역에서는 남다른 경제적 기회와 자기 발전의 기회를 만날 수 있기 때문이다. 그렇지만 나머지 사람들을 위해서는 중심부와 주변부와의 균형을 잡아야 하고, 이를 위해서는 공공 정책이나 기업가들의 노력이 필요하다. 이 변화가 올바른 방향으로 흘러가려면 경제적, 기술적, 조직적 활동들이 산업혁명의 성격을 규정짓는다는 점을 기억해야 한다.

조직 모델은 경제와 기술의 변화에서 기인할 수 있는 잠재적 불균형을 조절해야 한다. 이는 사회 전체의 공동 가치를 창출하는 것이기도 하지만, 일을 통해 자아를 실현하는 인간 발전의 틀을 정의하는 데에도 도움이 된다. 한마디로 조직 모델은 경제적인 틀을 초월하고, 제4차 산업혁명을 구성하는 여러 세력 간의 균형을 유지함으로써 성공의 핵심 요소로 작용한다. 그렇다면 각 기업의 영역, 문화, 활동과 밀접하게 연관된 다양한 조직 모델이 존재하는 상황에서 '테슬라주의'는 과연 제4차 산업시대의 가장 올바른 모델이 될 수 있을까?

테슬라주의는 새로운 시대의 올바른 모델인가

테슬라의 모델은 혁신적이지만 대체로 일관적이며 따라서 강력하다. 이 모델은 모빌리티와 에너지 시장에서 책임감 있고 효율적인 사업 모델을 제공하는데, 이 모두가 제4차 산업시대를 특징짓는 네 가지 도전 과제와 완벽하게 부합한다.

한 가지 확실히 하자면, 테슬라의 모델은 어느 기업에나 적용될 수 있는 것은 아니며, 세 가지 제약 조건이 변수로 작용할 것이다. 첫째는 테슬라주의를 실현하는 한 사람, 즉 일론 머스크의 자질이다. 모든 기업의 최고경영자가 일론 머스크처럼 될 순 없다. 둘째는 투자 능력이다. 규모가 작은 기업의 경우 테슬라처럼 과감하게 신기술에 투자하는 것은 어려운 일이다. 셋째는 일론 머스크의 끝까지 파고들며 완벽을 추구하는 리더십 스타일인데, 이는 자칫 관리자들에게 무기력감을 안겨줄 수 있다.

테슬라의 재정 상황은 테슬라주의가 결코 완벽하지 않을 수도 있다는 점을 말해준다. 테슬라는 2017년 말 기준으로 매출이 55퍼센트 증가했음에도 연간 19억 달러의 영업손실을 기록했다. 어떤 투자 분석가들은 테슬라의 미래에 대한 사람들의 기대에 너무 많은 거품이 있다고 평가했다. 2018년 변속장치 문제로 인해 모델3 생산이 예상보다 저조하자 테슬라의 경영 상황은 위험 단계에 다다랐다. 이는 일론 머스크가 다른 자동차 회사와 반대로 전면적인 자동화를 실시했기 때문이었다. 이 우려스러운 결과로 인해 시장은 크게 술렁였다. 일론 머스크가 설명했듯이, 테슬라의 목표는 5~10배 높은 생산율을 달성하는 것이었다. 2018년 말 일론 머스크는 테슬라의 상황에 대해 매우 공개적으로 언론에 밝혔다. 위기가 포착된 지 불과 몇 개월 지나지 않아 모델3의 주간 생산율이 대폭 상승했다. 일론 머스크는 테슬라의 모험이 시작된 이래 일관되게 추구해온 문제해결 방식과 리더십을 고수하며 이를 달성했다. 테슬라는 중국에 새로운 기가팩토리를 건설하기 위해 20억 달러를 투자했고, 독일이나 네덜란드에도 새로운 기가팩토리를 건설할 계획을 세웠다.

테슬라의 세계 전기차 시장 점유율은 10퍼센트를 넘어섰으며, 모델3의 경우는 유럽과 중국에서 마케팅을 시작한 지 얼마 안 돼 세계에서 가장 많이 팔리는 전기차가 되었다. 전기차 판매 부문은 연간 50퍼센트씩 성장하고 있으며, 특히 전기차 비율이 상대적으로 높은 중국에서 더욱 인기를 끌고 있다.

테슬라를 넘어서는 모델로서의 테슬라주의

테슬라 브랜드 모델과 테슬라주의를 동일시하면 안 된다. 앞의 여러 사례에서 보았듯이, 제4차 산업시대의 선두주자들은 테슬라주의의 일곱 가지 원칙 중 한 가지 이상에서 도전적인 전략을 실천한 기업들이다. 일론 머스크의 말처럼, 그의 어떤 프로젝트가 실패하더라도 테슬라의 도전이 제조업계에서 불러일으킨 연쇄 반응은 그 모든 것을 능가할 것이며, 그런 점에서 테슬라주의는 여전히 성공적이라고 말할 수 있을 것이다.

제3차 산업혁명 이후 40여 년 동안 많은 제조업체가 도요타주의의 핵심 원칙을 채택하면서 자신들의 문화와 분야에 맞게 생산 시스템과 운영 체제를 수정했다. 테슬라주의의 목표는 제4차 산업시대의 도요타주의가 되는 것이다. 따라서 새로운 시대가 요구하는 변혁에 도전하고자 하는 기업이라면 이 급진적이고 파괴적인 모델이 가진 장점을 최대한 활용하는 방법에 대해 고민해야 한다. 기하급수적인 진보의 DNA를 가지고 있는 이 새로운 시대에는 속도가 중요하며, 그렇기에 하루하루가 중요하다. 비록 실수하더라도 기다리는 것보다는 행동하는 것이 더 낫다. 테슬라주의가 만병통치약은 아니지만, 제4차 산업시대에 새로운 도약의 발판을 마련하는 데에 큰 영감을 주는 원천이라는 사실은 분명하다.

감사의 말

이 책을 쓰는 작업은 동료들과 업계 리더들, 테슬라 직원들, 협력사들을 포함해 많은 분이 기꺼이 도움을 주었기에 가능했던 집단 모험이다. 특히 초기 반영 단계부터 현장 작업 분석, 원고 편집 단계에 이르기까지 프로젝트 시작과 마무리를 도와준 모든 분께 감사의 마음을 전한다.

첫 번째로 실리콘밸리에서 인터뷰를 진행하는 데 도움을 주고 힘을 실어준 찰스 부이그Charles Bouygues에게 감사한다. 소프트웨어 융합 전반에 대해 특별한 통찰력을 보여준 르낭 데빌리에르Renan Devillières, 아낌없이 지원해준 다비드 마케노David Machenaud, 책을 구성하는 데 도움을 준 라파엘 아다드Raphaël Haddad에게 특히 감사한다.

이 책에서 다룬 주제의 기술적인 측면과 인간적인 측면에 대해 많은 것을 알게 해준 여러 인물과 기업들에도 감사를 표한다.

프레데릭 상데Frédéric Sandei, 필리프 그랑자크Philippe Grandjacques, 그레고리 리샤Grégory Richa 등 이 책에 간접적으로 참여한 모든 동료에게 감사를 전한다.

도움을 준 오딜 리쿠르Odile Ricour와 아델라이드 레샤Adélaïde Lechat에게 감사하며, 테슬라는 물론 더 넓게는 미래 산업을 비추는 여러 기업과 접촉하는 데 도움을 준 비단 베이티아Bidane Beitia, 로렌 라파르그Laurène Laffargue, 소이직 오두인Soizic Audouin, 아비르 브뤼노Abir Bruneau, 드니 마스Denis Masse, 앙투안 투팽Antoine Toupin, 로뱅 셀라르Robin Cellard, 다비드 페르낭데David Fernandez, 클레망 니상Clément Niessen, 쿠엔틴 랄레망Quentin Lallement, 아디 마이에니Hadi Mahihenni, 아나스 캄리시Anass Khamlichi, 로맹 피제Romain Pigé, 장 밥티스트 시베르Jean Baptiste Sieber, 세바스티앙 데부아Sébastien Desbois, 이 모두에게도 고맙다는 말을 전한다.

줄리 엘 모크라니 토마손Julie El Mokrani Tomassone, 에스테르 윌러Esther Willer와 클로에 세바흐Chloé Sebagh가 혼신을 다해 원고를 다듬어준 덕분에 책을 출간할 수 있었다.

마지막으로, 멋진 책으로 만들어준 마리 로르 카이에Marie-Laure Cahier, 영어판 출간에 도움을 준 앨런 시트킨Alan Sitkin과 수전 게라티Susan Geraghty, 초안을 읽고 꼼꼼히 수정해 준 로이신 싱Ro'isin Singh과 나를 믿어준 편집자 줄리아 스웨일스Julia Swales에게 진심 어린 감사의 마음을 전한다.

참고문헌

IWC and Kronos (2016) "The Future of Manufacturing, 2020 and beyond", Industry Week

BCG (2015) The Robotics Revolution

Deloitte (2016) Global Manufacturing Competitiveness Index

Eyal Nir (2014) Hooked, How to build Habit-Forming Products, Penguin

Fabernovel (2018) Tesla, Uploading the future

Gartner (2017) IoT Technology Disruptions

Guilluy, C (2014) La France périphérique, Flammarion, Paris

Idate (June 2017), Digiworld Yearbook 2017

International Federation of Robotics (2017) World Robotics 2017 edition

La Fabrique de l'industrie (mars 2016), « L'industrie du future à travers le monde », Les Synthèses de La Fabrique, numéro 4

La Fabrique de l'industrie (octobre 2017), "Industrie du Futur: regards franco-allemands", Les Synthèses de La Fabrique, numéro 15

Leitzgen, A Reported by Bourguignat, E Translated by Marlin, R (2018), "Automation and man's role in industry", Ecole de Paris du management https://www.ecole.org/fr/seance/1195-automatiser-en-renforcant-le-role-de-l-homme

Liker, J (2 March 2018) "Tesla vs. TPS: Seeking the Soul in the New Machine", The Lean Post McKinsey Global Institute (November 2012) Manufacturing the Future: The next era of global growth and innovation

Parker, G G, Van Alstyne, M W, Choudary, S P (2016) Platform Revolution, W. W.

Norton and Company

PwC (2018) 21st CEO Survey

PwC (2016) Global Industry 4.0 Survey

Swisher, K (5 November 2018) "Elon Musk: The Recode interview", Recode

Valentin, M (2017) The Smart Way. Excellence opérationnelle, profiter de l'industrie du futur pour transformer nos usines en pépites, Lignes de Repères, Paris

Van Apeldoorn R (13 July 2017), "Le règne annoncé de la voiture électrique", Trends-Tendances

Vance, A (2015) Elon Musk: Tesla, SpaceX, and the Quest for a Fantastic Future, Harper

Veltz, P (2017) La Société hyperindustrielle, La République des idées, Seuil, Paris

Womack, J P, Jones, D T, Roos, D (1990) The Machine That Changed the World, Free Press

Wong, J C (18 May 2017), "Tesla factory employees describe grueling work conditions where people pass out 'like a pancake'", Business Insider

World Economic Forum (2018), The Future of jobs

YouTube, Elon Musk: Gigafactory opening speech, 30 July 2016

YouTube, How Tesla Nearly Died: Elon Musks's Long Nights, 25 Novembre 2018